열혈교사 전도왕

열혈교사 전도왕

지은이 | 최병호
초판 발행 | 2018. 3. 14
4쇄 발행 | 2025. 4. 24
등록번호 | 제1988-000080호
등록된 곳 | 서울특별시 용산구 서빙고로65길 38
발행처 | 사단법인 두란노서원
영업부 | 2078-3333   FAX | 080-749-3705
출판부 | 2078-3331

책값은 뒤표지에 있습니다.
ISBN 978-89-531-3090-6 03230

독자의 의견을 기다립니다.
tpress@duranno.com   www.duranno.com

두란노서원은 바울 사도가 3차 전도여행 때 에베소에서 성령 받은 제자들을 따로 세워 하나님의 말씀으로 양육하던 장소입니다. 사도행전 19장 8-20절의 정신에 따라 첫째 목회자를 돕는 사역과 평신도를 훈련시키는 사역, 둘째 세계선교(TIM)와 문서선교(단행본잡지) 사역, 셋째 예수문화 및 경배와 찬양 사역, 그리고 가정·상담 사역 등을 감당하고 있습니다. 1980년 12월 22일에 창립된 두란노서원은 주님 오실 때까지 이 사역들을 계속할 것입니다.

두근두근 재미난
일상 전도 이야기

열혈교사 전도왕

최병호 지음

두란노

목차

프롤로그 행복한 전도 라이프 _8

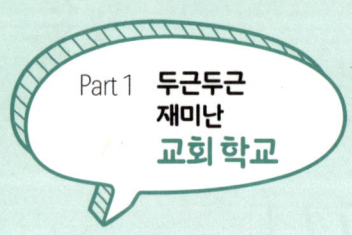

Part 1 두근두근 재미난 **교회 학교**

**1
상처 받지 않고
복음을 전하는 법**
_14

늦게 믿은 아쉬움, 교사로 불사르다
토요일 저녁, 특별한 시간
애프터서비스 시간
카톡 씹히고 전화는 쌩까일 때
선생님, 꼴랑 이거 사 주시는 거예요?
아이의 눈높이에 맞추다

**2
아이를 살리는
지혜**
_38

진짜 급한데 돈 좀 빌려주세요
스킨십은 어디까지?
지치고 상한 영혼을 만났을 때
아이들과 VIP를 위해 기도하기
우리 아이들을 위한 나의 기도

**3
함께 웃고
함께 울어 주다**
_58

잔소리와 들리는 말은 한 끗 차이
감정 표현이 서툰 우리들
주일 성수만큼은 목숨 걸고 하자
Before & After
아이들을 돕는 천사들
30년, 50년 근속하신 주일학교 선생님

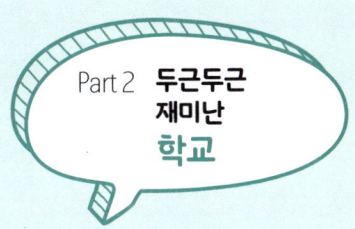

Part 2 두근두근 재미난 **학교**

1
**최고의 전도는
오래 참는 것**
_78

칭찬과 격려의 위대함
성령 충만한 꼬리 치는 강아지
머리털까지 세시는 하나님
아빠라고 부르는 아이들
공든 탑이 무너지기도 하더라
담배랑 사탕이랑 바꾸자
사랑은 오래 기다리는 것
잊을 수 없는 교생

2
**선생님,
제 이름이 뭐게요?**
_109

이름의 소중함
하루 한 번은 꼭 이름 불러 주기
옳은 말 NO! 좋아하는 선생님 말 OK!
소중한 점심시간
내 연약한 모습을 닮은 아이들
지각 대장의 전도 이야기
선생님, 이단 만났어요
천사 같은 아이들의 봉사

3
**밉게 보면 잡초,
곱게 보면 꽃**
_143

좋은 관계를 유지하는 비결
눈병을 통해 겸손을 배우다
친구 같은 교사가 될 때까지
시골 목사님의 똥차
생명을 실어 나르는 아름다운 차
나를 내려놓게 해 주는 큐티
학생들을 꽃으로 보리라
강다니엘의 후예들

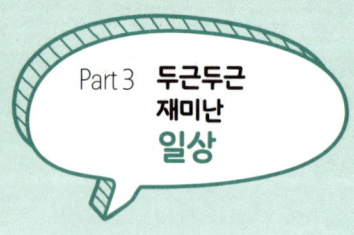

Part 3 두근두근 재미난 **일상**

1
**전도는 짐이 아니라
행복을 주는 일**
_176

실패가 가져다준 귀중한 선물
세계적인 전도자가 될 떡볶이 아저씨
즐거운 가게 vs 무서운 가게
용서를 통해 복음 전하기
야쿠르트 아주머니에게서 배우다
나의 재충전 공간, 사랑방 모임

2
**아버지,
진짜 고맙습니데이**
_199

아버지~ 설교 들으니까 어떠세요?
아버지의 생신날
작업복 입으신 멋진 아버지
예수님께 병호를 100% 바쳤습니다
사주팔자, 철학, 궁합이 뭐라고
부모님께 매일 전화 드리기
우리 가정의 소망
고마운 피아노 사건
감사와 전도의 열정이 만날 때

부록
1. 질문 & 답변 _238
2. 간단하게 복음 전하는 법 _251

열혈교사
전도왕

프롤로그
행복한 전도 라이프

저는 교사로서 학생들과 함께하는 시간이 정말로 행복하고 즐겁습니다. 이렇게 사랑스러운 아이들과 함께 학교에서 지내다 보니 시간이 너무 빨리 지나갔습니다. 얼마 안 지난 것 같은데 벌써 교사 생활 11년 차가 되었습니다. 주일학교(교회 학교) 교사는 대학생이 되면서부터 시작했으니 시간이 꽤 많이 흐른 것 같습니다.

10년이면 강산이 변한다는데, 그동안 제가 교사로서 어떤 삶을 살았는지 하나님 앞에서 돌아보는 시간을 갖게 되었습니다. 교사로서 미숙했던 모습이 생각났고, '그때 아이들에게 더 잘해 줄 걸' 하는 아쉬움과 안타까움에 하나님께 죄송스러운 마음이 가장 먼저 들었습니다. 저를 돌아보는 성찰의 시간은 제 부족한 부분을 반성하게 했고, 죄를 회개하는 시간으로 바뀌었습니다.

그리고 그 후 하나님이 장면 하나를 떠올려 주시면서 저로 하여금 하나님을 향해 감사와 기쁨이 넘치게 하셨습니다. 언젠가 아이들이 제게 몰려와서 해맑게 웃으면서 이야기하던 장면이었습니다.

"선생님! 선생님이 돌아가시면 저희가 선생님 묘비에 적어 드릴 문구가 생각났어요."

'죽는다니? 나는 아직 30대인데!'

아이들은 좋은 생각이 떠올라 신나는 마음에 한달음에 달려왔지만, 사실 저는 기분이 썩 좋지만은 않았습니다. 그래서 볼멘소리를 했습니다.

"야~ 선생님 아직 30대거든! 벌써 나를 죽이다니 너무한 것 아냐? 선생님은 100살까지 행복하게 오래오래 살 건데, 이거 왜 이러셔~ 나 빨리 죽이지 마~"

그러자 앞에 선 녀석이 당당하게 말했습니다.

"에이~ 선생님도 참! 선생님이 지금 돌아가시나 100세까지 살다가 돌아가시나 똑같을 것 같아요. 그러니 오해하지 마세요. 안 좋은 게 아니라 좋은 거예요."

하도 당차게 말하기에 어디 한번 들어나 보자 싶어 "그래, 말해봐" 했지만 살짝 긴장이 되었습니다. 옛날에 왕들도 죽고 나면 그 업적을 기리고자 묘비에 이름과 함께 문구를 적지 않았습니까?

그러자 아이들이 이렇게 말했습니다.

"선생님이 돌아가시면 묘비에 '이 땅에 태어나 행복하게 전도하며 살다가 고이 잠드신 분'이라고 적어 드릴게요. 맞잖아요. 선생님, 어떠세요?"

내가 너무 놀라서 아무 말도 못한 채 멍하니 있었더니 옆에 있던 아이가 거들었습니다.

"선생님의 삶을 한마디로 요약하면 '행복한 전도의 삶'인 것 같아요. 애들아, 다 동감하지?"

그 말을 듣고 어찌나 감동이 밀려오던지…. 저를 바라보는 아이들에게 고마운 마음이 가득했습니다. 저는 즉시 아이들과 함께 하나님께 감사와 영광을 올려 드렸습니다.

아이들의 말처럼 저는 '행복한 전도의 삶'을 살고 있습니다. 예수님을 만나 구원의 감격을 경험하면서부터 진리로 인한 참 자유를 누리게 되었고, 예수님을 전하는 삶을 살면서 진정한 행복을 경험하고 있습니다.

예수님을 사랑하는 믿음의 자녀들 모두가 '행복한 전도의 삶'을 살기를 바라는 마음으로 하나님이 부족한 제게 넘치도록 부어 주신 은혜를 나누고자 합니다. 특히 교사로서 경험하게 하신 귀한 은혜를 솔직하게 말입니다.

　얼마 전 둘째 딸 예은이가 태어났습니다. 아들 예찬이와 딸 예은이에게 좋은 믿음의 본이 되는 아버지가 되고, 아내 재희에게는 좋은 남편이 되고 싶습니다. 부모님께는 좋은 아들이 되고, 장인, 장모님께는 좋은 사위가 되고 싶습니다.

　그리고 마지막으로 예수님이 지혜와 키가 자라 가며 하나님과 사람에게 더욱 사랑스러워 가신 것처럼(눅 2:52) 교사로서 하나님과 사람에게 끝까지 칭찬받고 인정받으며 아이들을 사랑하는 참 교사가 되기를 소망합니다.

2018년 3월
최병호

Part 1 **두근두근 재미난 교회 학교**

상처 받지 않고 복음을 전하는 법

늦게 믿은 아쉬움,
교사로 불사르다

저는 불교 재단 중학교에서 학생회장까지 하며 불교를 잘 믿다가 미션 스쿨인 브니엘고등학교에 가서 고마우신 종교 선생님(이정화 목사님)을 통해 예수님을 만났습니다. 선생님을 통해 예수님을 만난 인생 최고의 경이로운 경험을 하고 나서 교회에 다니는 것 자체가 정말 좋았습니다. 교회에 가기 전부터 마음이 들떠 있었고, 심지어 교회에 가기 위해 지하철을 타러 갈 때는 얼른 가고 싶어서 걷지 않고 뛰었습니다.

그렇게 도착한 교회에서 드리는 예배는 최고의 기쁨과 감격 그 자체였습니다. 찬양을 한 곡, 한 곡 같이 부를 때마다 제 영이 춤을 추었습니다. 처음 간 교회라 찬양을 전혀 알지 못했지만 금방 리듬에 맞춰 기쁨으로 따라 불렀습니다.

전도사님이 전해 주시는 하나님의 말씀 또한 어찌나 은혜롭던지, 말씀 하나하나를 놓치기 싫어서 메모장에 빼곡하게 적었습니다. 하나님이 전도사님을 통해 제게 주신 말씀이기에 하나도 허투루 들을 수 없었습니다. 하나님의 말씀을 듣고 배울수록 내가 죄인임을 더 자각하게 되어 눈물을 흘리며 회개 기도를 했습니다. 그러면 또다시 제 몸에 성령님의 짜릿한 전율이 느껴져 감동과 기쁨으로 춤추며 찬양했습니다.

방학 때면 고등부 수련회에 참여해 온전히 집중해서 찬양하고, 말씀을 듣고, 기도할 수 있어서 정말 좋았습니다. 수련회 중간에 열린 체육대회는 진짜 시간 가는 줄 모를 정도로 신났습니다. 유서를 쓰고 실제로 제작한 관에 들어가 누워 보는 임종 체험을 통해 인생을 어떻게 살아야 할지를 고민하는 시간도 가졌습니다. 이렇게 다양한 프로그램을 통해 돈으로 살 수 없는 값진 체험을 하면서 엄청난 은혜와 놀라운 축복을 받았습니다. 이것이 저의 주일학교에 대한 첫 기억이자 첫 경험이고, 첫사랑입니다.

그런데 점점 한 가지 아쉬운 마음이 생겼습니다.

'이렇게 좋은 주일학교를 고등학교 때부터 다니게 되었다니!'

너무 아쉽고, 정말 안타까웠습니다.

그런데 하루는 기도하는 중에 하나님이 해결책을 주셨습니다.

'대학에 진학하면 바로 주일학교 교사로 섬겨 어릴 때 주일학교를 경험하지 못했던 서운하고 아쉬운 마음을 불살라 버리렴.'

이러한 깨달음을 얻자 어찌나 감사하고, 고맙고, 좋은지 "아멘! 아멘! 아멘!" 하면서 기쁨으로 주님의 응답에 화답했습니다. 그리고 대학생이 되자마자 바로 주일학교 교사로 섬기기 시작했습니다.

'내가 경험하지 못한 영아부부터 중등부까지, 모든 주일학교에서 교사로 섬기며 다 경험해 보리라. 주님의 말씀대로 주일학교를 경험하지 못한 아쉬움을 불태워 버리리라!'

이렇게 마음먹고 기도하며 처음으로 섬긴 자리가 유아부 보조 교사였습니다. 주일학교 교사로 처음 섬기는 것이었기에 뭐든지 서툴렀습니다. 피해를 주기는 싫어서 제가 할 수 있는 일부터 시작했습니다. 유아부 교사들이 모임을 잘할 수 있도록 도구를 챙기고, 예배를 준비하며, 뒷정리하는 일을 했습니다. 그러던 중 어느 반의 보조 교사로 섬기게 되었고, 그 반 선생님이 어떻게 하나님의 말씀을 가르치고 아이들을 다루는지를 보고 배울 수 있었습니다.

취학 전인 6-7세 아이들이 모인 반이라 집중하는 시간이 굉장히 짧았습니다. 바른 자세로 앉아서 선생님의 말씀을 잘 듣고 집중하는 아이들도 있었지만, 어떤 아이들의 경우 이리저리 돌아다니기도 했습니다. 산만해서 힘드실 법도 한데, 선생님은 전혀 싫은 내색을 하지 않고 아이를 달래거나 멀리 도망간 아이를 달려가서 안고 데려오셨습니다. 이러한 엄청난 노력으로 성경 공부를 마치고, 헌금하고, 다 같이 기도하며 매주 공과 공부 시간을 마무리하곤 했습니다.

한번은 우리 반 아이 중에 한 명이 바지에 실례를 하고 말았습니다. 냄새가 나는 것을 보니 분명 큰 것이었는데, 저는 어떻게 해야 할지 잘 몰랐습니다. 그런데 선생님이 다른 아이들이 눈치채지 못하게 얼른 아이를 데리고 가시더니 깨끗하게 씻기고 옷을 깔끔하게 입혀서 데려오셨습니다. 바지에 '응가'를 해서 울상이 되었던 아이는 금방 기분이 좋아져서 예배당을 이리저리 뛰어다녔습니다.

그 모습을 보면서 '주일학교 교사는 아무나 하는 것이 아니구나'라는 생각을 하게 되었습니다. 솔직히 말해서, 내 똥 닦다가 손에 살짝만 묻어도 더러워서 인상을 찌푸리게 되는데, 어찌 내 아이도 아닌 남의 아이의 똥을 손으로 만지고 씻어 줄 수 있는지, 그저 신기했고 '참 대단하시구나!'라는 생각밖에 들지 않았습니다.

그때 저는 다짐했습니다.

'주일학교 교사로서 저렇게 훌륭한 선생님이 되어야겠다.'

보통 대학생 시절이 주일학교 교사로 섬기기에 딱 좋을 때입니다. 고등학생 때에 비해서 시간적으로 여유가 있기 때문에 더더욱 그렇습니다. 그런데 제가 주일학교 교사로 섬기면서 가장 많이 들었던 말이 하나 있습니다.

"대학생 주일학교 교사들은 책임감이 별로 없어요."

그 이유는 시험 기간이다, MT다, 축제다 등의 이유로 '잠수를 잘 탄다'는 것이었습니다. 초반에 반짝 도와주고 잘하다가 어느 순간 사라져 연락도 안 된다며 다들 난색을 표했습니다. 그 모습이 되풀이되자 어느 분은 이제 대학생 주일학교 교사들에게는 기대도 안 한다고 했고, 어느 주일학교 부서 담당 목사님은 꾸준함이 결여된 대학생들은 절대로 교사로 세우지 않는다는 말까지 했습니다. 이런 말을 들으면서 저는 결심했습니다.

'절대로 잠깐만 섬기다가 잠수를 타고 사라지는 주일학교 교사가 되지 않겠다.'

이후 지금껏 주일학교 교사가 되어 아이들을 가르치며 경험하게 하시고, 섬김의 자리에 있게 해 주신 하나님 아버지께 무한한 영광과 감사와 찬양을 올려 드립니다.

토요일 저녁,
특별한 시간

저는 토요일 저녁 5시부터 9시 30분까지를 '영혼을 살리는 황금시간'이라고 부릅니다. 왜냐하면 전화 통화를 하면서 아이들을 챙기고 주일을 준비하는 시간이기 때문입니다. 이 시간에 전화를 하면 대부분의 아이들이 즐거운 한때를 보내고 있습니다. 친구나 가족과 여가를 즐기거나 집에서 재밌게 TV를 보거나 쉬고 있습니다. 간혹 학원에서 공부하거나 실기를 배우는 아이들도 있고, 과외 중인 경우도 있습니다.

저는 이 시간을 이용해 교회 리더들, 전도할 친구들, 새 가족 등에게 전화를 해 살뜰히 챙기는 일을 고등학교 1학년 때부터 해 왔습니다. 1997년에 시작했으니 올해로 21년째입니다.

제게 토요일 저녁은 언제나 정말 소중한 시간이고, 기다려지고 설레는 순간입니다. 의무감으로만 했다면 얼마간 하다가 그만두었을 것입니다. 저는 이때를 하나님이 저를 축복의 통로요, 복의 근원, 시냇가에 심은 나무, 담장 너머로 뻗은 나무로 삼아 주셔서 받은 복을 나누고 실천하는 행복한 시간으로 여겨 왔습니다. 바로 제가 만난 예수님과 그분의 사랑과 은혜를 나눌 수 있는 시간인 것입니다.

첫째, 리더들과 전화 통화를 합니다. 대학부와 청년부 목자로 섬길 때는 우리 마을 팀장과 사랑장(셀장, 조장)들에게 전화해 한 주간 어떻게 지냈는지를 묻고 이야기를 나누었습니다. 그리고 각 팀원들이 한 주 동안 어떻게 지냈는지 보고를 받았습니다. 다음 날인 주일에 누가 오고 못 오는지, 처음 오는 새 가족이 있는지, 특별한 일이 있었는지를 전해 들었습니다. 리더들은 저와 통화하면서 팀원들의 상황을 알려 주어야 했기에 팀원들과 미리 연락을 끝낸 상태라야 했습니다.

대학부와 청년부 목자로 섬길 때는 제가 이끄는 마을 아이들의 출석수가 100명이 넘었기에 제가 한 명, 한 명을 다 관리할 수 없었습니다. 그래서 제가 백부장을 맡았고, 부목자와 팀장을 2명 뽑아 오십부장으로 세웠습니다. 그리고 약 10명씩을 맡은 사랑장을 십부장으로 세웠습니다. 사랑장들은 차기 사랑장이 될 부사랑장을 1명씩 두었습니다.

모세의 위대한 점은 본인 때에 리더의 역할을 잘 수행해 냈을 뿐 아니라 여호수아와 갈렙 같은 훌륭한 다음 세대 리더들을 양성해 냈다는 것입니다. 저 역시 항상 부사랑장들까지 챙겼습니다. 그렇다 보니 제가 직접적으로 챙기는 리더들의 숫자가 부목자부터 부사랑장까지 30명 남짓 되었습니다.

<u>둘째, 전도할 친구들과 전화 통화를 합니다.</u> 여기서 전도할 친구들이란 다음 주일날 교회에 가기로 주중에 약속된 친구들을 말합니다. 그 아이들은 제 전화를 잘 받고, 대부분 웃으면서 "걱정하지 마세요, 선생님. 내일 교회에 꼭 나갈게요"라는 약속을 하고서 훈훈하게 통화를 끝내곤 합니다. 물론 가끔은 전화를 받지 않거나 문자를 보내도 답장을 주지 않는 경우가 있습니다. 그래도 저는 실망하지 않습니다. '아직 더 기도해야 하고, 더 잘 섬겨야겠구나'라고 깨달을 뿐입니다.

〈사례 1〉

여학생: 선생님, 전도 대장인 재형이가 우리한테 교회에 가자고 얘기하러 광안리까지 달려왔어요! 쌤, 내일 진짜 교회 갈게요.

병호: 선생님이 재형이 사랑한다고 전해라.

여학생: 야, 쌤이 너 사랑한대.

병호: 맛있는 것 다 사 준다고 전해라.

여학생: 쌤이 너 맛있는 것 다 사 준대.

재형: (수화기 너머로) 하하하! 괜찮습니다, 선생님!

병호: 정민이는 선생님이 교회에 가자고 할 땐 온다 해 놓고 안 온 게 서른 번이 넘는데, 친구가 달려가서 가자고 한마디 하니까 진짜 오겠다고 하네~ 하나님께 진짜 감사하다~

실제로 다음 날 이 여학생은 재형이와 같이 교회에 왔습니다.

〈사례 2〉

학생: 여보세요? 어머~ 선생님!

병호: 어잉~ 너무한 거 아냐? 쌤 번호 저장도 안 해 놓고!

학생: 쌤, 죄송해요. 제가 어제 폰을 바꿔서 저장된 번호가 하나도 없어요. 꼭 다시 저장해 놓을게요.

병호: 아라써. 내일 교회 온다고 했지?

학생: 네! 내일 갈 거예요.

병호: 혼자 오면 뻘쭘(어색)할 수도 있으니 같이 올 친구 있음 같이 와도 돼~.

학생: (힘 있게) 진짜요…. 네!

병호: 그런데 같이 가자고 하면 친구가 그냥 오니?

학생: 네! 협박하면 올 거예요.

병호: 하하~ 귀엽게 협박한단 말이구나~. 그래, 아라써. 부드럽게 살살 얘기하렴! 그런데 컬러링이 넘 좋다. 어디서 듣던 건데, 뭐지?

학생: 〈태양의 후예〉 OST요.

병호: 아~ 어쩐지! 내일 교회 와서 송중기 같은 오빠 한번 찾아봐~.

학생: 진짜 그렇게 잘생긴 오빠가 있어요?

병호: 있지, 물론!

학생: 히히히~ 네! 눈 크게 뜨고 꼭 찾을게요. 쌤, 내일 봐요.

셋째, 최근 한두 달 사이에 처음 교회에 나온 새 가족들과 전화 통화를 합니다. 새 가족부 리더들이 잘 챙겨 주겠지만, 제가 한 번 더 챙기는 것입니다. 언젠가 제주도에서 오겹살을 먹은 적이 있습니다. 정말 맛있었습니다. 우리 교회는 오겹살처럼 1명의 새 가족이 오면 5명의 리더들이 겹겹이 둘러싸서 빠져나갈 틈이 없도록 잘 섬겨 줍니다. 새 가족 도우미, 전도한 친구, 전도한 친구가 속한 팀의 사랑장, 팀장이나 부목자, 그리고 목자인 저까지 겹겹이 챙기는 것입니다.

한 사람이면 패하겠거니와 두 사람이면 맞설 수 있나니 세 겹 줄은 쉽게 끊어지지 아니하느니라 전도서 4장 12절

전화 통화를 하면서는 한 주 동안 잘 지냈는지, 교회 생활은 어떤지 등 이런저런 이야기를 나눕니다. 새 가족이 '내가 지금 여러 명에게 챙김을 받고 있구나. 특히 목자가 직접 전화도 하고 잘 챙겨 주는구나' 하고 느끼게 해 주는 것입니다.

특히 새 가족은 토요일에 전화하는 것 외에 리더들과 함께 그가 다니는 학교나 직장 근처로 찾아가서 식사를 같이 합니다. 점심이든 저녁이든 새 가족이 편안한 요일과 시간에 찾아갑니다. 새 가족이 혼자 나오면 '뻘쭘'할 수 있으니 교회에 다니지 않는 친구들과 같이 오게 합니다. 비싼 음식을 먹지 않아도 괜찮습니다. 즐거운 나눔과 진실함만 있으면 됩니다. 그렇게 한 주가 지나면 같이 밥 먹었던 친구들까지 교회에 오는 경우가 많습니다. 저는 이 경우를 '줄줄이 비엔나'라고 부릅니다.

넷째, 시험을 앞두고 있거나, 힘든 일을 겪고 있거나, 좋은 일이 있거나, 집안에 대소사가 있는 등 특별한 일이 있는 아이들과 전화 통화를 합니다.

마지막으로, 졸업한 아이들과 전화 통화를 합니다. 저는 이 일을 '애프터서비스'라고 부릅니다.

토요일 저녁, 아이들과 전화 통화를 하는 시간이 얼마나 감사하고 행복한지 모릅니다. 전화를 받고는 "이때쯤 선생님이 전화하실 줄 알고 기다리고 있었어요" 하고 격하게 반겨 주는 아이들도 있습니다. 또 전화를 받자마자 "선생님, 이제 토요일에 전화 안 하셔도 돼요. 저 진짜 교회에 잘 갈 테니 이렇게 수고하지 마세요"라던가 "할렐루야! 선생님, 내일은 복된 주일! 교회 가는 거 압니다. 걱정하지 마세요. 저 내일, 밤 새워서라도 교회 간다는 약속 지킵니다! 내일 봬요"라고 하면서 귀엽게 애교 부리는 아이들도 있습니다. 이렇게 행복한 시간을 어찌 다른 것과 바꿀 수 있겠습니까?

한번은 월요일에 학교에 갔더니 한 학생이 다짜고짜 따져 물었습니다.

"선생님, 토요일에 왜 저한테 전화 안 해 주셨어요? 선생님한테 전화 오면 교회 가려고 했는데, 전화 안 해 주셔서 교회에 안 나갔잖아요. 토요일에 꼭 전화 주세요, 아셨죠? 음~ 참 나! 진짜 가려고 했는데 말이에요."

제게 되레 큰소리치는 아이가 맹랑하기도 했지만 예쁘게도 보였습니다. 메모장에 잘 표시해 두었다가 다음 토요일에 전화했더니 기쁘게 전화를 받아 주었습니다. 그리고 정말로 주일날 웃으면서 교회에 나왔습니다.

지금까지 토요일 저녁 황금 시간에 사람들을 챙기는 이 일을 계속하고 있어 감사합니다. 이러한 노하우가 바탕이 되어 학교 교사로서, 또 주일학교 교사로서 이제는 아이들을 잘 챙기고 있습니다.

애프터서비스
시간

저는 토요일 저녁, 졸업한 제자들에게 전화를 겁니다. 졸업생들 중에 저를 통해 교회에 다니고 신앙생활을 하게 된 아이들이 많기 때문에 끝까지 챙깁니다. 제자들 중에는 결혼해서 아이를 낳아 엄마가 된 학생도 있습니다. 첫 제자들은 이제 내년이면 30대에 접어듭니다.

언젠가 한 제자에게 장난삼아 "야~ 내년이면 너나 나나 같은 30대인데, 우리 편하게 말 놓고 친구하자" 했더니 "지금 무슨 소리 하십니까? 한 번 스승은 영원한 스승입니다. 말도 안 되는 소리입니다. 나이 들어 할아버지가 되어서도 지금처럼 계속 챙겨 주시고 예뻐해 주세요"라고 말했습니다. 어찌나 우습고 재밌었는지 모릅니다.

겉으로만 보면 제가 졸업한 아이들을 챙기는 것 같지만, 알고 보면 제가 아이들에게 얼마나 많은 배움을 얻는지 모릅니다. 그중에서도 특히 하나님께 대한 뜨거운 사랑과 식을 줄 모르는 열정을 배울 수 있어서 정말 감사하고 좋습니다.

그런데 안타깝게도 대학 가서 취업 준비와 아르바이트를 이유로 교회에 빠지는 아이들이 하나둘 생겼습니다. 이처럼 마음 아픈 일이 어디 있습니까? 너무 안타깝고 슬픈 일이지만, 저는 절대 포기하지 않습니다. 졸업했지만 한 번 제자는 영원한 제자이기에 챙기고 또 챙깁니다. 저는 그들에게 《생명의 삶》이라는 큐티 책을 보내 주어 신앙생활을 다시금 잘할 수 있도록 격려하고, 가능하면 식사 자리를 마련해 밥을 먹으면서 예수님의 사랑을 일깨워 줍니다.

고마운 것은 졸업생들이 이제 고등학교를 졸업해 더 이상 제 관리를 받지 않아도 될 나이인데도 연락을 주고받으며 교회에 못 나가고 있는 것을 미안해한다는 것입니다. 그러면 되었습니다. 연락만 끊지 않으면 꼭 다시금 교회 나가서 신앙생활을 하게 되어 있습니다. 특히 남학생들은 군대 가서 교회에 잘 다니고 있다는 편지로 감사의 마음을 전하기도 합니다.

애프터서비스가 꼭 필요한 순간은 2월에 고등학교를 졸업하고 대학교 신입생 오리엔테이션을 하기 전까지입니다. 이 시기에 정말 신앙 선배로서, 지도 교사로서 해 주고 싶은 이야기가 있습니다. 이때 많은 아이가 교회를 떠납니다. 초등학교를 졸업하고 중학교에 입학할 때나 중학교를 졸업하고 고등학교에 입학할 때에 비해 그 비율이 매우 높습니다. 이 사실이 너무 마음이 아픕니다.

여기에는 여러 가지 이유가 있는 것 같습니다. 고등학교를 다닐 때까지 부모님과 함께 다니던 교회는 보통 집 근처나 동네 가까운 곳에 위치해 있습니다. 그런데 대학을 타 지역으로 가게 된 경우 대학부에는 아예 나오지 않고 부모님과 대예배에만 참석하다가 학기 중에는 대학 근처에 있는 새로운 교회에 출석합니다. 새로운 교회에 잘 적응하면 좋은데 그렇지 못하면 교회를 떠나게 됩니다. 또는 원하지 않은 대학에 입학했거나 재수를 하는 아이들은 아예 연락을 끊고 교회에 나오지 않는 경우도 종종 봐 왔습니다. 그나마 대예배에라도 나오면 다행인데, 부끄러운 마음에 아예 잠수를 타 버리고 연락도 안 되면 정말 안타깝습니다.

신앙생활은 혼자 할 수 있는 것이 결코 아닙니다. 그리스도인들은 항상 모이기를 힘써야 하고, 특히 아이들에게는 또래와 선후배와의 교제가 매우 필요합니다. 아이들은 이 일이 얼마나 중요한지를 잘 알지 못합니다. 그나마 대학 가서 좋은 대학부가 있는 교회에 잘 적응해 믿음 생활을 잘하면 다행입니다. 새로운 교회에서 드리는 예배에 온전히 집중하고, 은혜받고, 섬김의 자리에 있다면 금상첨화입니다. 그런데 그렇지 못한 경우 방황이 시작되는 모습을 종종 봅니다.

대학부에 나오면 교회 선배들과 친구들에게 이런저런 어려운 점을 토로하고 도움과 위로를 충분히 받을 수 있습니다. 그런데 본교회 대학부를 나가지 않는 아이들 중에 부모님께 교회에 적응을 잘 못하고 있다고 말하면 걱정을 끼쳐 드릴까 봐 잘 다니고 있다고 둘러대는 아이들을 많이 보았습니다.

아이들은 유아부와 유치부 시기만큼 고등학교 때 입시로 인해 부모님의 보호와 엄청난 관리 속에서 지내 왔습니다. 그러다 대학 입학과 동시에 부모님의 손이 닿지 않는 자유를 부여받았습니다. 이때 말

그대로 부모님의 신앙이 아닌 본인의 신앙이 드러나게 되어 있습니다. 고등학교 때는 교회 갔다가, 학원 갔다가, 친구들과 밥 먹고 집에 오면 몇 시쯤 되는지 부모님이 다 알기에 일탈을 하기가 어렵습니다. 하지만 대학에 가면 동선을 파악하기가 쉽지 않습니다. 게다가 부모님들은 아이가 우선 대학을 갔으니 대학 생활에 적응하다 보면 신앙생활도 자연스럽게 잘 할 것이라고 생각하는 듯해 안타깝습니다.

대학에 가면 일단 유혹이 너무 많습니다. 고등학교 때는 술, 담배를 하면 학교에서 벌점을 주고 징계도 하지만, 대학 가서는 모두 다 자유이고 구속하는 사람도 없습니다. 유혹은 겉은 달콤해 보이지만 그 뒤는 아주 쓰고 고통스럽습니다. 저는 이 아이들을 돕기 위해 열심히 애프터서비스를 합니다.

카톡 씹히고
전화는 쌩까일 때

아이들과의 대화는 언제나 즐겁고 신 납니다. 아이들 특유의 활기참과 재밌고 황당한 유머에 저는 늘 웃음보가 터집니다. 예상하지 못했던 재치 있는 말에 엄지가 절로 치켜세워지기도 합니다.

요즘 아이들과의 대화는 직접 얼굴을 마주 보며 하는 경우도 있지만 반 이상은 문자나 전화로 이루어집니다. 그중에서도 특히 카톡(카카오톡)으로 나누는 대화가 대부분입니다. 어떤 아이들은 직접 대면하면 마음속에 있는 말을 잘 못하는데 카톡으로는 어찌나 잘하는지 모릅니다. '요즘 아이들의 특징이구나' 생각하며 있는 그대로 받아 주려고 노력합니다. 카톡을 통해서라도 표현을 잘하고 대화가 잘 이루어지면, 이 또한 감사한 일이 아닐 수 없습니다.

반대로 카톡 때문에 울게 되는 상황도 참 많습니다. 카톡의 수신 확인 숫자 때문입니다. 일대일 대화창에서 글을 보내면 보낸 메시지 옆에 숫자 '1'이 뜹니다. 이때 상대방이 그 메시지를 읽으면 '1'이라는 숫자가 지워집니다.

아이가 메시지를 읽어서 숫자는 지워졌는데 답장이 없을 때, 그때는 정말 마음이 아픕니다. 아이들의 표현을 빌리자면, 제 카톡이 '씹히는' 경우입니다. 어떤 때는 카톡을 보낸 순간, 곧바로 숫자가 지워집니다. 그런데도 답이 없을 때가 있습니다. 이런 일을 겪을 때면 더더욱 마음이 찢어질 것 같습니다. 주로 연락이 잘되고 교회에 잘 나오던 아이가 교회에서 한동안 보이지 않아 메시지를 보낼 때 이런 일이 일어납니다. "무슨 일이 있어서 교회에 못 갔어요"라는 답장이 오면 그나마 다행입니다.

문자 메시지의 경우에는 아이가 못 봤을 것이라는 핑곗거리라도 있어 마음에 위안을 삼을 수 있지만, 메시지를 읽으면 숫자가 지워지는 카톡의 편리함으로 인해 이런 조그만 마음의 위로조차 받지 못할 때가 있습니다.

그런데 이럴 때일수록 잘 대처해야 합니다. "왜 선생님 카톡을 씹냐?"라고 화를 내서는 절대 안 되고, "답장 안 할 거야?" 하면서 보채서도 안 됩니다. 좋은 방법은 부드럽게 타이르면서 아이에게 약간의 시간을 주는 것입니다. 이미 마음의 한 부분이 닫혀 있는 아이를 몰아세운다면 나머지 열려 있던 마음의 문을 전부 닫을 수 있기 때문입니다. 마음의 문을 전부 굳게 닫아 버리면 아예 카톡을 읽지도 않습니다. 그러면 보낸 메시지 옆에 뜬 숫자 '1'이 영영 지워지지 않은 채 덩그러니 남아 있게 됩니다.

그보다 메시지는 읽었지만 답장은 하지 않는 편이 더 낫습니다. 그래도 메시지를 읽었다는 것은 주일학교 선생님이 뭐라고 하시는지 봤다는 뜻이기 때문입니다. 자신이 교회에 나가지 않으니 선생님이 어떤 반응을 보이시는지 살펴본 것입니다. 여기에 다시 위로를 얻으면서 아이를 위해 기도하며 대처하는 것이 좋은 태도입니다.

저도 사람인지라 이런 경우를 만나면 마음이 아픕니다. 만약 마음이 아프지 않다면 제가 그 아이를 사랑하지 않는다는 뜻일 것입니다. 좋아하고 관심을 가진 만큼 아픕니다. 그때마다 저는 아픈 마음을 추스르며 저 자신을 한 번씩 돌아보는 시간을 가집니다. 제가 하나님께 그렇게 대한 적은 없는지 곰곰이 생각에 잠깁니다.

틀림없이 하나님은 수십 번 제게 찾아와서 대화하자고 하셨을 것입니다. 처음에는 "하나님, 거기 잠깐 기다리고 계세요. 제가 중요한 이 일만 금방 끝내고 갈 테니까요. 그때 우리 대화해요" 하고 미루었습니다. 그러다가 나중에는 "거, 참 나! 제가 이 일만 금방 끝내 놓고 간다고 했잖아요. 기다리시라니까요!"라고 짜증 섞인 말로 하나님을 무안하게 해 드렸습니다. 그리고 결국에는 하나님의 반가운 인사에 아무 대꾸도 하지 않는 저 자신의 모습을 보게 되었습니다.

마치 하나님은 원래 '나만 바라보는 해바라기'라도 되시는 양, 하나님은 기다리시는 게 특기시니까 으레 이번에도 잘 기다리실 것이라고 생각했던 부족한 저를 되돌아보게 되었습니다. 하나님을 외면하고 '쌩까던' 제 모습을 떠올리며 하나님의 아련한 마음을 헤아리는 계기로 삼았습니다.

하나님의 마음을 묵상하다 보면 하나님이 저를 바라보시는 짠한 마음이 느껴집니다. 그런 하나님을 외면한 채 하나님을 등지고 서 있는 제 모습도 보이는 것 같습니다. 그렇지만 마지막 그림은 항상 이렇습니다. 제가 하나님을 등지고 서 있음에도 불구하고 저를 등 뒤에서 두 팔로 감싸 안아 가슴으로 품고 계신 그분의 모습입니다. 그 장면이 떠오를 때면 가슴이 먹먹해지면서 저를 기다려 주신 주님의 사랑과 은혜에 한 번 더 감사하게 됩니다.

주님이 저를 기다려 주셨기 때문에 저 또한 아이들을 기다리면서 기도합니다. 그리고 기회를 봐서 적당한 때에 다시 연락합니다. 그러면 신기하게도 아이들은 며칠 뒤에 무슨 일이 있었냐는 듯이 다시 연락해 오기도 합니다.

"선생님, 그때 몸이 정말 안 좋아서 약 먹고 자고 있었어요. 연락 못 드려서 죄송해요."

이런 연락을 받으면 그 하나의 메시지에 얼마나 반갑고, 감사하고, 안도하는지 모릅니다. 한 영혼, 한 영혼이 얼마나 귀합니까! 그냥 그대로 떠나보내고 잃어버리기 싫습니다.

우리 좋으신 하나님이 세상이 줄 수 없는 평안과 따뜻한 온기로 아이들을 사랑하는 주일학교 선생님들의 마음을 만져 주시고, 돈으로 환산할 수 없는 하늘나라의 값진 상급으로 복에 복을 더해 주시기를 간절한 마음으로 기도드립니다.

선생님,
꼴랑 이거 사 주시는 거예요?

한번은 주일학교 아이들에게 "다음 주에 전도할 친구를 교회에 데리고 오렴. 선생님이 맛있는 것 사 줄게"라고 말한 적이 있습니다. 아이들이 전도를 열심히 하기에 힘을 보태고 싶어 웃으면서 힘차게 건넨 말이었습니다. 다들 "네~" 하고 밝게 대답하고 헤어졌습니다.

그리고 다음 주일, 예배를 드린 후 공과 공부 시간이 되었습니다. 몇몇 아이들이 친구들을 데리고 왔습니다. 참 신기하게도, 아이들은 끼리끼리 어울린다더니 데려온 친구들이 전부 닮은 것 같았습니다. 유유상종이라는 말이 딱 맞았습니다. '오예스' 같은 아이가 '초코파이'나 '몽쉘' 같은 친구들을 데리고 왔습니다. 그 모습을 보고는 속으로 한참 웃었습니다.

처음 나온 아이들은 물론, 친구들을 데려온 녀석들도 어찌나 예뻐 보이던지 하나님이 참 기뻐하시겠다는 기분 좋은 생각을 하며 아이들을 위해 준비한 음식을 내놓았습니다.

"얘들아~ 선생님이 너희들 주려고 떡볶이랑 순대를 준비해 왔어. 짜잔! 맛있겠지?"

대부분의 아이들은 "와~ 맛있겠다! 선생님, 얼른 같이 먹어요"라고 말하며 좋아했습니다. 그런데 한 학생의 반응에 저는 그만 얼굴이 하얗게 질리고 말았습니다. 저를 당황시킨 아이는 '떠거운' 표정을 하더니 결국 이렇게 내뱉었습니다.

"선생님, 꼴랑 이거 사 주시려고 내 친구 데려오라고 말씀하신 거예요?"

순간, 제 온몸에 있는 피가 솟구쳐 오르는 느낌이 들면서 손이 부르르 떨렸습니다. 그리고 손에 들고 있던 떡볶이와 순대를 아이의 얼굴에 확 던질 뻔했습니다. 과거 예수님을 믿지 않았을 때라면 충분히 그러고도 남았을 것입니다. 하지만 감사하게도 이제는 예수님을 믿고 달라졌기에, 제 감정을 애써 누르고 침착하게 말했습니다.

"아~ 선생님이 지난주에 맛있는 것 사 준다고 해서 친구까지 데려오고 잔뜩 기대했는데 떡볶이랑 순대라서 실망했구나. 아라써! 선생님이 센스가 부족했네! 공과 공부 마치고 또 맛있는 것 먹으러 가자. 그럼 되겠지?"

그렇게 모임을 애써 잘 마무리한 후 이동하기 전에 그 아이를 잠시 불렀습니다. 아이는 아까 한 말이 신경 쓰이고 무안했던지 내내 고개를 푹 숙인 채 따라왔습니다.

"○○아~ 친구까지 데려왔는데 맛있는 것 먹고 싶은 마음은 충분히 잘 알겠어. 그럼 부드럽게 '선생님, 이것도 먹고 또 다른 맛있는 것 사 주시면 안 돼요?' 하고 부탁할 수 있었을 텐데, 아까는 너무 경직되게 말하니까 선생님이 많이 놀랐단다. 앞으로는 그러지 마~ 알겠지?"

아이는 혼자 불려오니까 긴장했는지 작은 소리로 답했습니다.

"죄송해요, 선생님. 아까 제가 생각해도 말이 좀 심했던 것 같아요. 다시는 안 그럴게요. 죄송합니다."

그러면서 한마디 덧붙였습니다.

"친구 앞에서 혼내지 않으시고 이렇게 따로 불러서 좋게 이야기해 주셔서 감사합니다."

그렇게 말하는 아이가 어찌나 귀엽게 보이던지, 환하게 웃으며 "그래~ 요 녀석아! 그런 것도 알고~! 또 얼마든지 이렇게 예쁘게 말할 수 있으면서 왜 그랬어?"라고 말하며 녀석의 엉덩이를 툭툭 두드려 줄 수 있었습니다.

그리고 약속대로 맛있는 것을 먹으러 갔습니다. 가는 동안 정말 기뻤습니다. 만약 제 성질을 못 이기고 "뭐? 이 자식아! 너 지금 뭐라고 했어? 꼴랑 이거?"라고 말하면서 화를 냈더라면 어떻게 되었을까요? 새 친구도 잃고, 모든 것이 엉망이 되었을 것입니다. 그 순간을 잘 참고 부드럽게 넘긴 제 자신에게 고마웠습니다.

주일학교 교사로 섬기다 보면 아이들의 말과 행동에 상처를 받을 때가 종종 있습니다. 가정이나 학교, 사회였다면 "이놈이 지금 어디서 이렇게 무례하게 말하고 예의 없이 행동하는 거야!" 하고 호통을 몇 번 치고도 남았을 텐데, 교회는 사랑과 용서의 공동체이기 때문에 참을 수 있습니다.

주일학교 교사가 사랑으로 감싸 주지 않으면 사실 그런 아이는 세상에서 등 두드려 주며 따뜻하게 맞아 줄 곳이 없습니다. 외로워서 그러는 것이고, 그동안 사랑을 제대로 받아 보지 못해서 그러는 것입니다. 다정하고 따뜻한 교회에 오니까 그렇게 말하고 행동하는 것입니다. 교회는 자신의 모든 것을 포용해 주기 때문에 좋아서 오는 것입니다. 단지 표현이 서툴 뿐입니다. 그러므로 아이들이 상처 주는 말과 행동을 할 때면 부드럽게 타이르고, 그러지 않도록 이야기해 주는 것이 좋습니다.

이런 이유로 주일학교 교사들은 늘 사랑과 용서의 쿠션을 몸에 빵빵하게 지닌 채 아이들을 대하면 좋을 것 같습니다. 이것이 갑옷 중에 최고의 갑옷일 것입니다. 저는 이런 일을 만날 때면 다음과 같은 주님의 말씀을 자주 묵상하게 됩니다.

> 무엇보다도 뜨겁게 서로 사랑할지니 사랑은 허다한 죄를 덮느니라 베드로전서 4장 8절

여기서 또 하나 생각해 볼 점이 있습니다. 상처 주는 말과 행동을 하는 아이의 경우 평소 친구들로부터 상처 주는 말과 행동을 많이 받고 있을 수 있습니다. 군대에서도 마찬가지이지 않습니까? 선임에게 맞아 본 사람이 후임을 똑같이 때리고 괴롭히기 쉽습니다. 그러므로 따뜻한 시선으로 보면 '아~ 그럴 수도 있겠구나! 그 아이도 상처를 많이 받았구나. 그래, 이렇게 주일에 빼먹지 않고 교회에 오는 것만도 참 고맙구나!'라는 마음을 갖게 됩니다.

사실 주일학교 교사들은 상처 주는 못된 아이와 피 한 방울 안 섞

였고, 어떤 긴밀한 관계도 아닙니다. 단지 하나님이 보내 주신 귀한 하나님의 어린 양이기 때문에 잘 돌보아야 하는 것입니다. 특히 그런 아이는 가시넝쿨에 상처 입어 피 흘리며 비틀거리고, 영양실조에 걸린 양입니다. 다른 양들을 괴롭히고, 목자의 말도 잘 안 듣고, 길을 자주 잃어버리는 양입니다.

이 글을 쓰고 있는 지금은 주일 새벽입니다. 잃어버린 한 마리의 양을 찾으러 갔다가 찾아와서는 기쁜 마음으로 이웃에게 잔치를 베푼 주인의 들뜬 마음과 모습을 묵상해 봅니다. 오늘도 제게 맡겨진 주일학교 교사의 임무를 정말 감사하는 마음으로 수행하러 힘차게 출발해 봅니다.

아이의 눈높이에 맞추다

주일학교에서 아이들과 교제할 때 가장 중요한 것 중에 하나는 아이들의 눈높이에 맞추는 것입니다. 저는 이 부분에서 나름 잘한다는 자신감과 자부심을 가지고 있지만, 때로는 이처럼 어려운 일이 또 없다는 것을 느끼곤 합니다.

모태신앙으로 신앙 교육을 잘 받았고, 믿음도 뜨겁고, 지금도 교회 일이라면 누구보다 열심히 하는 아이들이 있는 반면에, 정말 툭하면 잠수타고, 틈이 보이면 불만을 쏟아 내고, 뺀질거리는 아이들도 있습니다. 전자의 아이들은 볼 때마다 기쁘고 흐뭇합니다. 후자의 아이들은 인간적인 생각으로는 한 대 콕 쥐어박고 싶을 때도 있는 것이 사실입니다. 저에게 아픈 손가락들인 셈입니다.

저는 늘 하나님께 이 아이들을 어떻게 하면 지혜롭게 잘 지도할 수 있는지 여쭤어 봅니다. 그럴 때마다 좋으신 우리 하나님이 어떻게 해야 할지 지혜를 주시고, 말씀으로 응답해 주시며, 마음에 평강을 더해 주십니다.

지금 열심히 잘하고 있는 아이들에게는 교만해져서 다른 아이들을 판단하거나 비판하지 않도록 가르치라고 응답해 주셨습니다. 또 한쪽으로 치우치지 않도록, 열심히 신앙생활을 하면서 학생의 본분에 맞게 공부도 병행해 최선을 다할 수 있도록 지도하라고 하셨습니다.

잠수를 잘 타고 불만이 있는 아이들에 대해서는 먼저 마음을 얻으라고 말씀해 주셨습니다. "이건 이래서 잘못이고, 저건 저래서 잘못이야. 그러니 고쳐야 해"라고 말해 주기 이전에 마음부터 얻으라는 것입니다. 그런 아이들이 제게 오면 아픔이나 차가움이 아니라 늘 따뜻함과 포근함을 느끼게 만들라고 하셨습니다. 그러면서 주신 말씀이 있습니다.

> 내가 모든 사람에게서 자유로우나 스스로 모든 사람에게 종이 된 것은 더 많은 사람을 얻고자 함이라 … 약한 자들에게 내가 약한 자와 같이 된 것은 약한 자들을 얻고자 함이요 내가 여러 사람에게 여러 모습이 된 것은 아무쪼록 몇 사람이라도 구원하고자 함이니 내가 복음을 위하여 모든 것을 행함은 복음에 참여하고자

함이라 고린도전서 9장 19, 22-23절

바울은 자신이 자진해서 모든 사람에게 종이 되어 그들을 섬긴 이유는 더 많은 사람이 주님께 나아오도록 하기 위함이라고 말했습니다. 그리고 또 여러 사람에게 각각 맞추어 섬긴 이유도 아무쪼록 몇 사람이라도 구원하기 위해서라고 했습니다.

하나님이 이 말씀을 응답으로 주셨을 때 저는 정말 감사했습니다. 한 영혼을 천하보다 귀하게 여기는 바울의 마음과 태도를 깨달았기 때문입니다. 그러나 바울처럼 상대방의 눈높이에 맞춘다는 것이 말처럼 쉽지가 않았습니다.

'이 아이에게 이런 모진 말까지 들어야 하나? 아~! 자존심 상해!'

이런 생각이 든 적이 한두 번이 아닙니다. 하지만 제가 이렇게 일그러진 마음과 상처를 안은 채 눈물로 하나님께 나아가면 하나님은 언제나 모든 사람에게 종이 된 바울, 여러 사람에게 여러 모습이 된 바울의 모습을 떠오르게 하시며 평강으로 제 마음을 만져 주셨습니다.

건강하고 튼튼한 아이에게는 더 잘 자랄 수 있도록 교만하지 않고 절제할 수 있는 방법을 가르치는 등 하드 트레이닝을 시키고, 약하고 툭하면 상처받고 상처 주는 아이에게는 약과 함께 죽을 먹이는 것이 저의 사명이자 의무라는 것을 오늘도 깨닫습니다. 이 일을 위해서는 먼저 저부터 주님의 말씀과 기도로 영혼이 유들유들해져야 합니다. 그래서 오늘도 저는 우리 주님만 의지해 아이들을 그들의 눈높이에 맞게 잘 지도하기를 진심으로 기도하며 노력할 것입니다.

아이를 살리는 지혜

진짜 급한데

돈 좀 빌려주세요

주일학교 아이들과의 만남과 교제는 언제나 설레고 행복합니다. 하나님이 저를 주일학교 교사로 세우셔서 주님께 받은 한량없는 사랑과 넘치는 은혜를 아이들에게 흘려보내고, 하나님의 가르침이 담긴 성경 말씀을 가르치는 축복의 통로로 삼아 주셨음에 매 순간 감사하고 있습니다.

저는 주일학교 교사로 섬기면서 아이들이 주님의 말씀대로 믿음이 잘 자라고, 친구 따라 교회 왔다가 예수님을 구주로 영접하는 역사를 눈으로 직접 보곤 합니다. "선생님, 주님의 말씀을 깨달아 세상을 바라보는 시각이 달라졌고 삶 자체가 완전 다르게, 아름답게 바뀌었어요"라고 고백하는 아이들을 볼 수 있는 주일학교 교사의 자리가 정말 감사합니다.

그런데 이렇게 좋은 일만 보고 좋은 경험만 한다면 얼마나 좋을까요? 간혹 그렇지 못한 경우를 만나면 마음이 정말 아픕니다. 그중에서도 주일학교 교사인 저에게 상황이 급하니 돈을 빌려 달라는 아이들을 만날 때면 마음이 시립니다.

진짜 형편이 어려운 학생은 교회 차원에서, 그리고 교회 공동체 구성원들과 연합해 기쁜 마음으로 도와주고 꾸준히 돕고 있습니다. 주일학교 예배를 드리고 공과 공부가 끝나면 그 아이들에게 맛있는 밥도 사 주고 이야기를 나누며 즐거운 시간을 자주 가집니다. 공부를 하고 싶은데 형편이 넉넉하지 않은 아이가 있으면 서점에 가서 과목별로 필요한 문제집을 함께 고르며 "예수님 잘 믿으면서 열심히 공부해" 하며 사 주기도 합니다.

하지만 직접적으로 돈을 빌려 달라고 전화하는 아이들이 있습니다. 그 아이들이 돈을 엉뚱한 데 쓰려고 한다는 것을 알기에 마음이 아픕니다. 그럴 경우에는 절대로 돈을 직접적으로 빌려줄 수가 없습니다. 그들에게 돈을 빌려주는 것이 더 나쁜 길로 인도하는 일이 될 수 있기 때문입니다. 그때는 정신 차리고 알아들을 때까지 꾸준히 관심을 가지고 지도하는 방법을 택해야 합니다.

언젠가 한 아이가 돈을 빌려 달라는 내용으로 전화를 걸었습니다.

학생: 선생님, 저 진짜 사정이 급해서 그런데요, 저 한 번만 믿고 돈 좀 빌려주시면 안 되나요?

병호: ㅇㅇ아~ 그래, 사정이 급한 것 같은데 그 사정이 뭔지 선생님한테 말해 줄래?

학생: 아~ 선생님! 진짜 그건 묻지 마시고요. 진짜 급해서 그런 거니까 저 믿고 한 번만 빌려주세요. 진짜 빨리 갚을게요. 선생님~ 한 번만 빌려주시면 안 되나요?

병호: ㅇㅇ아~ 어떤 급한 상황인지 설명도 안 해 주는데 어떻게 선생님이 돈을 빌려줄 수 있니? 무슨 일인지 말해 보렴. 다른 어느 누구한테도 얘기하지 않을 테니 말해 봐~. 무슨 일인지 알아야 선생님이 보고 진짜 급한 일이면 도와줄 거 아니야? 자 말해 봐.

학생: 아~ 선생님, 그건 진짜 다음에 말씀드릴게요. 지금 당장은 말씀드릴 수 없어요. 그냥 선생님, 저 믿고 한 번만 좀 빌려주세요.

병호: ㅇㅇ아~ 교사와 학생 간에는 돈 거래를 절대 안 하는 것이 원칙이란다. 그런데 진짜 상황이 급한 경우라고 판단되면 선생님이 왜 못 도와주겠니? 당연히 도와주지. 그런데 지금처럼 상황을 말하지 않으면 절대 도와줄 수 없단다. 그래도 얘기 안 해 줄 거야?

학생: 선생님, 진짜 저 믿고 이번 한 번만 그냥 빌려주실 수는 없나요? 진짜 급해서 그래요.

병호: 안 되겠구나. ㅇㅇ아~ 선생님이 아까 말한 것처럼 상황 얘기를 안

해 주면 절대 도와줄 수 없어. 급한 상황을 얘기할 마음이 있으면 다시 전화하고 그럴 마음이 없으면 전화 다시 하지 마. 주일날 교회에서 얘기하자. 그럼 이제 전화 끊는다. 더 이상 할 말 없지?

학생: 선생님, 이번 한 번만요. 그냥 도와주세요.

병호: 이제 전화 끊는다. 주일날 보고 얘기하자. 안녕!

그 뒤로도 몇 번이나 더 전화가 왔습니다. 상황이 급하니 돈을 빌려 달라는 말만 할 뿐 끝까지 사정을 이야기하지 않았습니다. 억지로 꾸며 내 봤자 제가 확인하면 금방 들통날 것이 뻔하니까 그냥 빌려 달라는 말만 애처롭게 계속 했습니다. 하지만 돈과 관련된 문제는 단호하게 끊어야 하기에 확고하게 대했습니다.

시간이 흘러서 몇 개월이 지난 후에야 아이에게서 당시 상황을 들을 수 있었습니다. 들으면서 역시나 그때 돈을 빌려주지 않은 것이 정말 잘한 일이었음을 알게 되었습니다. 사정은 이러했습니다.

그 아이가 이성 친구를 사귀게 되었습니다. 얼굴이 예쁜 여자아이였습니다. 같이 데이트를 하면서 맛있는 음식을 사 먹고 놀이동산에도 갔습니다. 그런데 용돈은 제한되어 있는데 여자 친구가 계속 놀러 가서 맛있는 것을 먹자고 했습니다. 아이는 상대를 너무 좋아했기에 다 들어주고 싶어서 부모님께 거짓말까지 하며 용돈을 더 받아서 쓰다가 그것도 모자라니까 아르바이트까지 하게 되었습니다. 게다가 여자 친구가 가방이 갖고 싶다고 말하자 사 주고 싶다고 했습니다.

여기까지 듣고 있던 제가 부드럽게 물었습니다.

아이를 살리는 지혜

"혹시 그럼 그때 선생님한테 급하다고 돈 빌려 달라고 한 이유가 여자 친구랑 데이트하고 가방 사려고 했던 거니?"

그러자 아이는 고개를 작게 끄덕이며 "네, 선생님" 하고는 떨구었습니다. 다시 아이에게 물었습니다.

"그럼 저번에 중고 사이트 사건도 여자 친구랑 관련해서 생긴 일이었던 것 같은데, 맞니?"

이번에도 아이는 고개를 끄덕이며 작은 목소리로 "네…" 하고는 한동안 말을 잇지 못했습니다. 그 아이가 돈이 부족해서 아르바이트 한 데서 끝났으면 다행인데, 더 안타깝고 마음 아픈 일이 있었습니다.

학생: 돈이 계속 더 필요하니까, 제가 진짜 그러면 안 되는데 나쁜 친구들하고 잘못 엮여가지고 중고 사이트에 폰 싸게 판다고 올린 후 돈만 받고 폰은 안 줬어요. 그래서 경찰에게 전화 왔을 때 무섭고 어떻게 해야 할지 몰라서 선생님한테 전화를 드렸던 거구요. 선생님이 말씀하신 대로 그 뒤로 그 친구들하고는 전부 깔끔하게 정리해서 안 만납니다. 그리고 얼마 전에 법원 가서 벌금형 받았습니다. 이 일 후로 선생님 말씀대로 그 여자 친구랑도 관계를 완전히 끊고 헤어졌어요. 죄송해요, 선생님. 다시는 안 그럴게요.

병호: 너, 만약에 그 여자 친구가 너한테 다시 사귀자고 하면 어떻게 할 거야?

학생: 진짜 다시는 안 사귑니다. 그 여자애랑 사귄 거 후회하고 있어요. 그때로 다시 돌아간다면 진짜 안 사귈 거예요.

병호: 그래, 이제라도 깨달았으니 다행이다. 다시는 이런 일 없도록 이성 친구도 신중하게 잘 만나고, 돈에 관련해서는 같은 실수 반복하지 않도록 하자, 알겠지?

학생: 네, 알겠습니다, 선생님. 고맙습니다, 진짜!

또 한 번은 이런 전화가 왔습니다.

"선생님, 저희 배가 고픈데 돈이 없어요. 진짜 배고파서 그런데 돈 좀 빌려주시면 안 되나요?"

그때 수화기 너머로 사람들이 노래방에서 노래 부르는 소리가 희미하게 들려왔습니다. 아이는 노래방에 있다는 것을 모르게 하려고 멀리까지 나와서 전화한다고 했는데 그만 제게 들켜 버리고 말았습니다. 제가 "○○아~ 거기 어디니?"라고 묻자 아이는 "그냥 밖이에요"라고만 답했습니다.

"음~ 노래 소리가 나는 걸 보니까 노래방 같은데…. 친구들하고 술, 담배 안 하고 건전하고 즐겁게 노래 부르면서 놀면 돼. 노래방이 나쁜 곳은 아니니까."

그러자 아이는 순간 놀랐던지 당황하며 말했습니다.

"아! 친구가 불러요. 담에 다시 전화 드릴게요."

그러고는 황급히 전화를 끊어 버렸습니다. 주일날 교회에서 아이와 차분하게 이야기를 나누었습니다.

돈은 잘 쓰면 하나님 나라의 확장에 쓰이는 정말 아름다운 것이지만 잘못 쓰면 아이들을 타락의 길로 인도하는 고속 열차표가 되기 때문에 항상 주의해야 합니다. 그래서 저는 주님께 돈을 버는 것도 중요하지만 주님이 주신 물질을 주님이 기뻐하시는 데만 사용하게 해 달라고 지혜를 구하며 기도로 나아갑니다.

스킨십은 어디까지?

요즘 아이들은 혼전 순결을 고리타분한 옛날이야기로 보는 경향이 심합니다. 그 이유는 가정에서 부모로부터, 학교에서 선생님으로부터 성경적이고 올바른 성교육을 받지 못했기 때문입니다. 그리고 또 한 가지 큰 이유는 영화나 드라마 등 대중매체 때문입니다. 사랑하는 사이라면 만난 지 며칠이 되었든 마음과 몸이 가는 대로 관계를 맺을 수 있다는 것이 당연시되고, 오히려 그것이 아름답게 표현되고 있습니다. 홍수처럼 쏟아져 나오는 매스컴의 영향을 아이들이 아무런 여과 없이 받아들이기에 큰 문제입니다.

"선생님, 혼전 순결은 꼭 지켜야 하는 건가요?"

주일학교 아이들이 제게 자주 하는 질문 중에 하나입니다. "혼전 순결은 당연히 지켜야 하는 거죠?"라고 묻지 않는 것을 보면 이미 아이들의 마음속에는 '혼전 순결은 굳이 지키지 않아도 되는 것 같은데, 왜 교회에서는 꼭 지키라는 거지?'라는 생각이 들어 있다는 것을 알 수 있습니다. 그때마다 저는 성경을 보여 주면서 성경적인 성 가치관에 대해 이야기해 줍니다.

병호: 당연히 혼전 순결은 지켜야 해. 자, 창세기 2장 24절을 볼까? "이러므로 남자가 부모를 떠나 그의 아내와 합하여 둘이 한 몸을 이룰지로다"라는 말씀 보이지? 이 말씀에서 '부모를 떠나'라는 말이 뭔지 알겠니?

학생 1: 독립한다는 의미 아닌가요?

병호: 좀 더 구체적으로 얘기한다면?

학생 2: 결혼해서 독립한다는 뜻이요.

병호: 그렇지. 결혼해서 부모로부터 독립한다는 의미야. 그제야 "그의 아내와 합하여 둘이 한 몸을 이룰지로다"라고 하잖아. 성경 어디에도 '사랑하는 사람과 둘이 한 몸을 이룰지로다'라고 나와 있지 않아. 오직 '부모로부터 독립하고 결혼이라는 제도 안에서 둘이 한 몸을 이룰지로다'라고 나와 있지. 이것이 성경적인 거야. 그리고 창세기 2장 25절을 보면, "아담과 그의 아내 두 사람이 벌거벗었으나 부끄러워하지 아니하니라"라고 나오지? 잘 봐~ '사랑하는 두 사람이 벌거벗었으나 부끄러워하지 아니하니라'가 아니라 '남편과 아내, 즉 부부가 벌거벗었으나 부끄러워하지 아니하니라'야. 그치? 그리고 고린도전서 7장 4절을 보면, "아내는 자기 몸을 주장하지 못하고 오직 그 남편이 하며 남편도 그와 같이 자기 몸을 주장하지 못하고 오직 그 아내가 하나니"라고 말해. 결혼하면 아내는 자기 몸이지만 남편의 몸이기도 하고, 남편은 자기 몸이지만 아내의 몸이기도 하단다. 여기서 '하나 됨'은 육체만 아니라 영혼까지도 포함하며, 부부로서 연합된다는 것을 의미한단다.

그런데 영화나 드라마 등의 영상 매체에서는 사랑한다면 육체가 하나 되는 것이 아름답다고 말해. 또한 쾌락적인 부분을 강조하며 그것이 진정한 사랑이라고 표현하지. 이것은 성경적이지 않단다.

학생 3: 그럼 결혼해야만 가능하다는 말씀이시죠?

병호: 당연하지. 결혼이라는 제도 안에서 부부 관계를 통해 영혼과 정신, 정서, 육체 등 모든 부분이 연합해 하나 됨을 이루는 것이 진정으로 하나님이 원하시는 것이고 아름다운 것이란다.

이처럼 저는 아이들에게 성경 말씀을 인용해 성경적인 성 가치관 교육을 꼭 합니다. 이 교육은 성적으로 자유로운 세상에서 살고 있는 아이들에게 정말로 중요하다고 확신합니다.

그리고 저는 혼전 순결에 대해 질문한 학생에게 다음과 같이 꼭 되묻습니다.

"부모님이 교회를 다니시는지, 안 다니시는지 모르겠지만, 너는 결혼 전에 부모님께 가서 '저 이성 친구랑 호텔 가서 하룻밤 자고 오겠습니다'라고 당당하고 자신 있게 말할 수 있겠니?"

그러면 거의 모든 아이가 이렇게 답합니다.

"에이~ 선생님, 말도 안 돼요. 어떻게 그런 말을 부모님께 드릴 수 있어요? 당연히 못하죠. 말하면 엄마, 아빠한테 진짜 사망이겠죠."

그럼 저는 이렇게 말을 보탭니다.

"거 봐~ 당당하고 꺼릴 것이 없다면 부모님께 말씀드리지 못할 이유가 없을 텐데, 스스로 뭔가 잘못된 부분이 있다고 생각하고 있다는 거잖아. 맞지?"

이때쯤 되면 대화를 나누던 학생은 아무 말도 못하게 됩니다.

또한 저는 1년에 한 번은 주일학교 아이들과 학교 아이들에게 무기명으로 설문 조사를 실시해 현재 상황을 통계내고, 성경이 가르치는 바른 성교육을 합니다. 질문 내용은 다음과 같습니다.

1. 데이트할 때 스킨십이 어디까지 가능하다고 생각하는가?

① 손잡기 ② 포옹 ③ 키스 ④ 진한 애무 ⑤ 성관계

2. 연인 사이라면 서로 합의 하에 성관계를 맺을 수 있다고 생각한다.

그렇다 (   ) / 아니다 (   )

3. 성관계는 언제 가능하다고 생각하는가?

① 결혼하고 그 테두리 안에서

② 결혼하려는 사람과 언제든지

③ 오래된 연인과 서로 원할 때 합의만 하면 언제든지

④ 마음만 맞으면 만난 지 얼마 되지 않아도 합의 하에

4. 만약 정말 좋아하는 연인이 성관계를 요구한다면 어떻게 하겠는가?

① 거절하고 바로 헤어지겠다.

② 거절은 하되 관계는 유지하고 사귀겠다.

③ 생각해 본 뒤 상황에 따라 판단하겠다.

④ 사랑한다면 연인끼리 성관계는 아무렇지 않다고 생각한다.

5. 이성 친구와 동거는 가능하다고 생각하는가?
그렇다 (   ) / 아니다 (   )

6. 이성 교제에 있어서 질문이나 토론하고 싶은 내용이 있다면 적으세요.

제게는 정말 가슴 아픈 경험이 있습니다. 그 일만 생각하면 지금도 너무 안타깝습니다. '그때 좀 더 깨어 있어서 지혜롭게 타이르고 교육했어야 했는데' 하는 후회를 지금도 합니다.

갓 주일학교 교사로 섬기게 되었을 때 고등학교 졸업반 2명의 아이들을 알게 되었습니다. 둘은 연인 사이였는데, 교회 내에서도 서로 부둥켜안는 등 남이 보기에 과하다 싶을 정도로 스킨십을 했습니다. 저는 두 아이들을 볼 때마다 불러서 좋은 말로 타이르기도 하고, 따끔한 말로 주의를 주기도 했습니다.

"얘들아, 둘이는 누가 봐도 서로를 좋아하고 아껴 주는 연인 사이라는 거 알겠어. 근데 말이야, 둘의 스킨십이 너무 심한 것 같아. 교회 안에서도 찐하게 스스럼없이 스킨십을 하는 거 보면 밖에서 아무도 안 볼 때는 어떻게 할지 솔직히 많이 걱정돼. 둘이 서로 좋아해서 스킨십을 하는 건 선생님이 뭐라고 할 수 있는 부분이 아니지만 그래도 두 가지만 얘기할게. 첫째는, 공공장소에서는 스킨십을 자제하면 좋겠어. 둘째는, 넘지 말아야 할 선은 꼭 안 넘었으면 좋겠어. 무슨 말인지 알지?"

그때마다 연인 사이인 둘은 "지킬 건 지키겠습니다"라고 말했지만 석연치 않았습니다.

그러다가 몇 달이 지난 어느 날, 남자아이가 급하게 전화를 걸어 왔습니다.

> 학생: 선생님, 저 ○○인데요, 친구가 지금 교통사고가 나서 급하게 수술을 해야 하는데 돈이 없어요. 수술비 40만 원만 좀 보내 주세요. 선생님, 진짜 부탁드릴게요.
>
> 병호: 뭐? 교통사고? 얼마나 다쳤는데? 어느 병원이야?
>
> 학생: 선생님, 수술이 급해서요, 돈부터 먼저 보내 주시면 안 될까요?
>
> 병호: 다친 친구 부모님께는 연락했니?
>
> 학생: 친구가 고아예요. 부모님이 안 계세요.
>
> 병호: 어…. (한참의 침묵이 흐른 뒤에) ○○아~ 선생님한테 지금 어느 병원인지 바른대로 말 안 하면 전화 바로 끊어 버릴 거다. 혹시 거기 산부인과니?
>
> 학생: …
>
> 병호: 말 안 해 줄 거지? 알았어. 그럼 진짜 끊는다. 안녕.
>
> 학생: 잠시만요, 선생님. 산부인과 맞아요.
>
> 병호: 혹시 낙태 수술 하려고 간 거니?
>
> 학생: 네….
>
> 병호: 아…, ○○아~ 결국에는… 아휴…, 낙태는 생명을 죽이는 죄란다.

배 속에서 말을 못해서 그렇지 태아는 살아 있는 생명이야. 생명을 죽이면 안 돼. 이 일은 선생님 선에서 도와줄 수 없는 일이란다. 부모님들께 다 말씀드려야 해.

낙태는 성경적인 시각에서 생명을 죽이는 엄연한 살인 행위입니다. 낙태를 하도록 도와줄 수는 없었습니다. 결국 두 아이들의 부모님들이 다 아시게 되었고, 두 집안의 법적 싸움으로까지 번졌습니다. 남자아이 쪽에서는 아기를 낳고 결혼시키자고 했지만, 여자아이 쪽에서는 당장 헤어지고, 아기도 지우고, 낙태할 때 드는 비용부터 모든 병원비와 치료비를 대라고 요구했습니다. 이처럼 두 집안이 팽팽하게 맞서 싸운 사건 이후 두 아이들을 더 이상 교회에서 볼 수 없었습니다.

지치고 상한 영혼을
만났을 때

주일학교에서 지칠 대로 지친 아이를 만날 때가 있습니다. 마음이 다 깨져 있고, 영혼이 상할 대로 상해 있어서 더 이상 충격을 받아도 아파할 힘조차 없어 보이는 아이입니다. 가정불화 때문일 수도 있고, 부모님과의 갈등 때문일 수도 있고, 친한 친구의 배신과 따돌림 문제일 수도 있고, 성적 때문일 수도 있고, 여러 가지 문제가 복합적으로 엉켜 있을 수도 있습니다. 이 상태로 주일날 교회에 예배드리러 온 것조차 대단하게 느껴질 정도로 어려움과 곤경에 빠져서 힘들어

하는 아이가 있습니다. 때로는 특별한 문제는 없는데, 자기 자신이 한없이 초라하고 한심하게 느껴져서 깊은 좌절감에 빠져 있을 수도 있습니다.

　주일학교 교사로서 손 하나 까딱할 힘조차 없는 아이에게 그 어떤 도움도 줄 수 없어서 옆에서 같이 울기만 한 적이 있습니다. 그래도 하나님 앞에서 같이 울 수 있는 것이 복입니다. 하나님 앞에서 같이 울다 보면 하나님이 새 힘과 지혜를 주시고, 무엇보다 견딜 수 있는 능력을 주십니다. 분명 상황은 변한 것이 하나도 없는데, 환경은 전혀 나아지지 않았는데, 영이 새롭게 변화되기 때문에 울음을 그치고 일어날 수 있습니다. 그리고 마침내 깨지고, 지치고, 상한 영혼을 멸시하지 않으시는 하나님께 감사하게 됩니다. 나의 작은 신음에도 응답하시는 하나님을 같이 찬양하게 됩니다.

　그때 저는 아이를 칭찬하면서 한 가지만 부탁합니다.

　"하나님은 포도나무이시고 나와 너는 전부 가지니까 우리 젖 먹던 힘까지 다해서 같이 하나님께 잘 붙어 있자! 여기까지 오느라 진짜 고생 많았고 수고했다. 그동안 잘 붙어 있어 줘서 고맙다."

　그리고 다음과 같은 한 가지 이야기를 더 해 줍니다.

　언젠가 강원도에 강의하러 차를 가지고 갔다가 마치고 돌아올 때의 일입니다. 강원도에서 차를 타고 막 출발했는데 똥파리 한 마리가 차 안에서 왔다 갔다 했습니다. 영 신경이 쓰여서 창문을 다 내린 채 한참을 달렸습니다. 나갔겠거니 하고 창문을 다시 올리고 부산까지 왔습니다.

그런데 부산 집에 도착하고 나니 요 똥파리 녀석이 카시트 밑에 딱 달라붙어서 꿈쩍도 안 하고 있었던 것입니다! 똥파리는 차가 시속 100km가 넘는 속도로 달리고 있다는 것을 어떻게 알았을까요? 창문으로 들어오는 엄청나게 센 바람에 자신이 못 버티고 날아갈 것 같으니까 아예 안전한 카시트 밑으로 숨어 버렸던 것입니다. 거기 딱 달라붙어 얌전하게 있다가 저와 함께 부산으로 온 것입니다. 저는 똥파리를 보면서 '붙어 있음의 위대한 힘'을 깨달았습니다.

아이들과 VIP를 위해
기도하기

공과 공부의 마무리는 기도입니다. 한 주 동안의 기도 제목을 나누고 같이 기도하고 마무리하는데, 이때 꼭 아이들과 같이 하는 기도가 있습니다. 바로 '태신자', '베스트', 'VIP'라고도 하는 전도할 친구들을 놓고 기도하는 것입니다.

> 진실로 다시 너희에게 이르노니 너희 중의 두 사람이 땅에서 합심하여 무엇이든지 구하면 하늘에 계신 내 아버지께서 그들을 위하여 이루게 하시리라 두세 사람이 내 이름으로 모인 곳에는 나도 그들 중에 있느니라 마태복음 18장 19-20절

특히 말씀에 의지해 주일학교 아이들과 합심해 기도합니다. 저는

주일학교 교사들이 전도할 대상자들을 놓고 아이들과 같이 이름을 부르며 기도하기를 원합니다. 다 같이 하나님께 기도했기 때문에 하나님이 역사하시고 일하심을 함께 경험하게 될 것입니다.

주일학교 교사들만 아이들이 적어 낸 전도 대상자들의 이름을 놓고 홀로 기도하면, 물론 그것도 하나님이 기뻐 받으시지만, 아이들은 기도하는 법을 배우지 못할 수 있습니다. 교사들은 아이들에게 기도하는 법을 가르쳐야 하고, 기도하는 습관을 기를 수 있도록 지도해야 합니다. 가장 좋은 기도의 가르침은 같이 합심해 기도하고 하나님이 실제로 어떻게 역사하시는지를 아이들이 경험하게 하는 것입니다. 이보다 큰 가르침은 없습니다.

전도는 하나님이 우리에게 영혼들을 붙여 주셔야 가능한 것입니다. 하나님께 다 같이 한마음으로 기도하고 나면 아이들은 자신들이 기도한 대로 전도할 친구들에게 사랑을 베풀고 잘 챙겨 줄 것입니다. 이 두 가지가 조화를 이룰 때 하나님이 아이들을 축복의 통로로 삼으시고, 친구들을 그들에게 붙여 주어 교회에 나오게 하십니다.

같이 전도 대상자들을 놓고 기도했기에 한 명의 친구라도 실제로 교회에 오면 더더욱 반갑고 하나님께 감사드리게 됩니다. 주일학교 교사들만 기도했다면 혼자 그 기쁨과 영광과 환희를 맛보겠지만, 다 같이 기도했다면 모든 반 아이가 한 영혼이 돌아오는 감격과 행복을 함께 맛보게 되는 것입니다.

저는 매주, 그리고 모일 때마다 우리 반 아이들과 함께 VIP를 놓고 합심해 이름을 부르며 기도합니다. 저와 우리 반 아이들에게 하나님의 하나님 되심과 하나님의 이끄심을 직접 눈으로 보고 몸으로 체험하는 황홀한 감격을 주시는 하나님께 감사와 존귀와 찬양을 올려드립니다.

우리 아이들을 위한
나의 기도

기독교 명문 학교인 안산동산고등학교에서 선생님과 학생들을 대상으로 강의를 한 적이 있습니다. 소문대로 정말 좋은 학교였습니다. 특히 가장 인상 깊었던 점은 교장실에 전교생의 증명사진이 반별로 쫙 펼쳐진 채 한쪽 벽면에 붙어 있다는 것입니다. '교장 선생님과 모든 선생님이 학생들의 사진을 보면서 늘 기도하시는구나!'라는 생각이 들면서 감동이 몰려왔습니다.

감동받은 저는 브니엘예술고등학교 사진과 전교생의 증명사진을 컬러 프린트로 인쇄해 제 방 한쪽 벽면에 반별로 붙여 놓았습니다. 이렇게 한눈에 보이도록 해 두고 매일 사진을 보면서 우리 학교와 학생들을 위해 기도하기 시작했습니다. 저는 우리 학교 아이들을 위해서 날마다 이렇게 기도합니다.

"하나님, 우리 학교 아이들은 음악, 미술, 무용 등 예체능을 합니다. 예술적인 능력을 달란트로 주셔서 감사드립니다. 우리 아이들이 하나님이 주신 놀라운 능력을 더욱 갈고닦아 자신의 분야에서 거룩한 영향력을 미치는 탁월한 리더가 되게 해 주세요.

사탄의 음란하고 더러운 문화를 물리치고 아름답고, 선하고, 마음을 치유하고, 감동을 주며, 사람을 살리는 예술을 하게 해 주세요. 무엇보다 예술을 통해 크신 하나님의 사랑과 은혜와 전능하심을 찬양하고 하나님께 영광 돌리는 주의 보배로운 자녀로 삼아 주세요.

공부도 소홀히 하지 않고 열심히 하게 하시며 집중력과 끈기를 더해 주세요. 우리 학교 아이들 550여 명이 먼저 예수님을 진심으로 인격적으로 만나기를 원합니다. 예수님을 잘 믿게 해 주시고, 믿음이 무럭무럭 자라게 해 주시며, 요셉처럼, 다니엘처럼, 다윗처럼 하나님과 늘 함께하는 복을 허락해 주세요. 그들처럼 사람들과 동역자들을 모을 수 있는 능력과 그들을 변화시킬 수 있는 능력을 허락해 주세요.

우리 아이들이 주님과 늘 동행하는 모습을 통해 학부모님과 형제들, 친지들에게 복음이 전해지게 하시고, 아름다운 믿음의 가정이 되기를 간절히 소망하며 기도합니다. 이 모든 말씀을 예수님의 이름으로 기도드립니다. 아멘."

그리고 저를 위한 기도도 빠뜨리지 않습니다.

"주님, 저는 이 아이들을 가르치고 지도하는 데 부족한 점이 너무 많습니다. 솔로몬이 하나님께 온 나라 백성을 지도할 수 있는 지혜를 구했듯이 저 또한 하나님께 우리 학교 550여 명의 아이들을 옳고 바른길로 인도하고 지도할 수 있도록 지혜를 간절히 구합니다. 무엇보다 예수님이 저를 목숨보다 사랑하시듯이 저 또한 아이들을 제 목숨보다 더 사랑하게 해 주세요. 아이들의 마음을 잘 공감해 주고, 알아주고, 이해해 주고, 만져 주는, 서로 대화가 되는 친구 같은 자상한 교사가 되게 해 주세요.

아이들에게 제 과목인 수학을 즐겁고 재미있게 잘 가르칠 수 있게 하시고, 반 아이들과 전교생들에게 예수님의 사랑을 전하고, 신앙생활을 행복하게 할 수 있도록 잘 이끌어 주는 교사가 되게 하옵소서.

우리 브니엘예술고등학교 교장 선생님과 교감 선생님, 목사님과 모든 선생님께 아이들을 잘 가르치고 지도할 수 있는 지혜와 능력을 더해 주세요. 그리고 무엇보다 교사들이 먼저 주님의 사랑과 은혜와 평강과 축복을 후히 되어 누르고 흔들어 넘치도록 받아 누리는 삶이 되게 하옵소서. 그래서 그 흘러넘치는 것들을 아이들에게 부족함 없이 마음껏 충분히 전하게 하옵소서.

교사인 우리가 서로 사랑하고, 섬겨 주며, 하나 되게 하시어 아이들로 하여금 예수님을 믿는 우리 교사들이 말로만이 아니라 진짜 삶에서 사랑이 넘쳐 나고 사랑을 실천하고 있다는 것을 자연스럽게 느끼고, 보고, 알게 하옵소서. 예수님의 이름으로 기도드립니다. 아멘."

그리고 우리나라와 이 땅의 모든 그리스도인을 위해 늘 이렇게 기도합니다.

"'십자가의 도가 멸망하는 자들에게는 미련한 것이요 구원을 받는 우리에게는 하나님의 능력이라'(고린도전서 1장 18절). 이 땅의 모든 그리스도인이 십자가의 도가 멸망하는 자들에게는 미련하고 놀림거리밖에 되지 않지만 구원을 받은 우리 믿음의 사람들에게는 하나님의 능력이 됨을 알게 하시고, 늘 자부심을 가지고 당당히 살아가게 하옵소서.

'내가 복음을 전할지라도 자랑할 것이 없음은 내가 부득불 할 일임이라 만일 복음을 전하지 아니하면 내게 화가 있을 것이로다'(고린도전서 9장 16절). 복음을 전하는 것이 자랑할 일이 아니고, 정말로 반드시 해야 할 사명임을 깨닫고 복음을 전하지 않는 죄를 범하지 않게 해 주세요. 복음을 전하지 않아 화를 당하는 자가 단 한 명도 없게 해 주세요.

'또 나를 위하여 구할 것은 내게 말씀을 주사 나로 입을 열어 복음의 비밀을 담대히 알리게 하옵소서 할 것이니'(에베소서 6장 19절). 우리에게 말씀을 주셔서 입을 열어 복음의 놀라운 비밀을 담대히 세계만방에 알리는 아름답고 거룩한 우리나라와 민족이 되게 하옵소서. 예수 그리스도의 이름으로 기도드립니다. 아멘."

함께 웃고 함께 울어 주다

잔소리와 들리는 말은
한 끗 차이

아이들에게 유익해서 가끔 교육용으로 보여 주는 TV 프로그램이 있습니다. 지금은 종영된 SBS 〈동상이몽, 괜찮아 괜찮아〉입니다. 이 프로그램은 먼저 어머니의 시각으로 이해가 안 되는 아이의 모습을 촬영한 영상이 어머니의 내레이션과 함께 나옵니다. 그 영상을 보면 저도 함께 '아이가 너무하네' '참나~ 어머니한테 저러면 안되지…' '쯧쯧~ 예의가 참 없네' 하는 마음이 계속 듭니다. 그러면서 부모가 자녀를 사랑하는 마음도 몰라주고, 자기를 바른길로 인도하려는 마음은 무시한 채 점점 비뚤어지고 반항하는 나쁜 모습으로 비치기 시작합니다.

그런 뒤 이번엔 반대로 아이의 시각에서 어머니의 이해 안 되는 모습을 촬영한 영상과 함께 아이의 내레이션이 나옵니다. 그것을 보고 나면 '아~ 어머니가 저렇게 아이의 마음을 몰라주니까 애가 비뚤어지고 반항하는 거구나!' '음… 아이를 믿어 주지 않고 통제만 하려고 하시네' '모든 행동 하나하나 다 지적만 하시는구나' 하는 생각이 들기 시작합니다. 그러고는 처음과 달리 아이에 대해 조금은 너그러운 마음이 듭니다. 앞의 영상에서 예의 없어 보였던 아이의 행동도 '그럴 수도 있었겠구나' 하는 마음으로 바뀌기 시작합니다.

이 프로그램을 보면서 두 가지 생각이 떠올랐습니다. 하나는 '어머니가 아이를 사랑하고 아이도 부모님을 공경하지만 서로 각자의 말을 하면서 평행선을 달리며 점점 더 멀어지고 있구나' 하는 안타까운 마음입니다. 그리고 또 하나는 '어머니와 아이의 소통이 정말 중요하구나'라는 생각입니다. 우리가 사랑의 말을 하지 않는 것은 아니지만 각자의 시선에서 말을 되풀이하다 보니 사랑, 따뜻함, 정이 없는 따가운 말로 바뀐다는 것을 깨달았습니다.

이때 어머니와 아이 사이에서 중재자 역할을 하는 MC 유재석 씨는 과연 국민 MC였습니다. 그는 팽팽히 맞선 어머니와 자녀가 서로 양보하면서 화합과 화해를 하도록 이끄는 탁월한 능력을 발휘했습니다. 유재석 씨가 중재를 하면 보통 어머니가 아이에게 하는 말은 더 이상 잔소리가 아니라 따뜻한 사랑의 언어가 되었습니다. 포근한 말로 아이를 이해하면서 보듬어 주니 아이의 눈에 눈물이 흐르고, 상처가 치유되며, 둘 사이의 관계가 회복되는 것을 보았습니다.

아이에게 영향력을 끼치는 말은 바른말이 아니라 따뜻한 말이라는 것을 다시금 느낍니다. 옳고 바른 말보다 마음을 전달하는 말이 더 좋은 것 같습니다. 그러려면 아이에게 '들리는 말'이 중요하다는 것을 깨닫습니다. 이렇게 글을 쓰고 있는 저도 어떻게 해야 아이들에게 들리는 말을 할 수 있을지 참 어렵기만 합니다. 경험으로 봐서는 잔소리와 들리는 말은 한 끗 차이인데 말입니다. 그 한 끗 차이가 어마어마한 것 같습니다.

잔소리와 들리는 말의 한 끗 차이를 위해 저는 적어도 5-10회 정도를 칭찬한 다음 한 번 정도 고칠 점을 말해줍니다. 최대한 잔소리가 안 되고 상처주지 않기 위해 노력합니다. 교사는 지적하기에 가장 적합한 직업인 것 같습니다. 예전에는 지적을 계속 잘 해주는 것이 사랑이라고 굳게 믿고 있었는데 언젠가부터 잘못된 생각이라는 것을 깨달았습니다. 말을 듣는 사람이 그 말에 감사해 하고 우러나오는 마음으로 고치려고 할 때 잔소리가 아닌 들리는 말과 따뜻한 사랑의 말이 된다는 것을 알게 되었습니다. 그렇게 하기 위해 칭찬과 지적의 비율을 적어도 5대 1로 하는 것이 좋다는 것을 경험하게 되었습니다.

감정 표현이 서툰
우리들

언젠가 교사 세미나를 가서 주일학교 선생님들에게 "교회에서 맡으신 아이들을 실제 자녀만큼 사랑하시죠?"라고 질문한 적이 있습니다. 그랬더니 많은 선생님이 고개를 저으시기에 "아닌가요?"라고 놀라서 물었습니다. 그러자 선생님들이 이렇게 말씀하셨습니다.

"더하면 더했지 덜하지 않아요."

모두들 동감하셨는지 웃으셨습니다.

실제 자녀는 잘못하면 매를 들어서라도 훈계할 수 있지만 주일학교 아이들은 그렇게 할 수 없고 오직 기도와 사랑으로만 보듬어야 하니 자녀보다 더 사랑으로 품고 기도할 수 밖에 없다고 말씀하셨습니다. 듣고 곰곰이 생각해 보니 참 맞는 말씀이라는 생각이 들었습니다.

저는 부모가 자녀를 생각하는 마음이나 주일학교 선생님이 맡은 반 아이들을 사랑하는 마음이 매한가지라고 생각합니다. 하지만 엄마가 아이를 사랑하는 마음은 크지만 표현할수록 아이와 더 멀어지고, 아이도 어머니에게 좋은 자녀가 되고 싶으나 감정 표현이 서툴러서 잘 안 됩니다. 이처럼 서로 힘든 마음을 잘 표현한 노래가 있습니다. 양희은 씨와 악동뮤지션이 부른 〈엄마가 딸에게〉라는 곡입니다. 이 노래를 꼭 한 번 유튜브에서 검색해 들어 보십시오. 진한 감동과 눈물을 경험하게 될 것입니다. 그 노래의 가사를 소개하고 싶습니다.

(엄마)

난 잠시 눈을 붙인 줄만 알았는데 벌써 늙어 있었고

넌 항상 어린아이일 줄 알았는데 벌써 어른이 다 되었고

난 삶에 대해 아직도 잘 모르기에 너에게 해 줄 말이 없지만

네가 좀 더 행복해지기를 원하는 마음에 내 가슴속을 뒤져 할 말을 찾지

공부해라~ 아냐 그건 너무 교과서야

성실해라~ 나도 그러질 못했잖아

사랑해라~ 아냐 그건 너무 어려워

너의 삶을 살아라~

(딸)

난 한참 세상 살았는 줄만 알았는데 아직 열다섯이고

난 항상 예쁜 딸로 머물고 싶었지만 이미 미운 털이 박혔고

삶에 대해 아직도 잘 모르기에 알고픈 일들 정말 많지만

엄마 또 늘 같은 말만 되풀이하며 내 마음의 문을 더 굳게 닫지

(엄마) 공부해라~ (딸) 그게 중요한 건 나도 알아

(엄마) 성실해라~ (딸) 나도 애쓰고 있잖아요

(엄마) 사랑해라~ (딸) 더는 상처받고 싶지 않아 나의 삶을 살게 해 줘

(중략)

(엄마)

내가 좀 더 좋은 엄마가 되지 못했던 걸 용서해 줄 수 있겠니?

넌 나보다는 좋은 엄마가 되겠다고 약속해 주겠니?

(딸) 말하지 않아도 난 알고 있다고 엄만 그 누구보다 나를 사랑한단 걸

그래서 난 자신 있게 말할 수 있어 엄마처럼 좋은 엄마 되는 게 내 꿈이

란 거

말하지 않아도 다 알고 있다고 엄만 그 누구보다 나를 사랑한단 걸

그래서 난 자신 있게 말할 수 있어 엄마를 행복하게 해 주는 게 바로 내

꿈이란 거

주일 성수만큼은
목숨 걸고 하자

중고등부 주일학교 강의를 갈 때마다 담당 교역자들에게서 듣는 공통적인 안타까운 말씀이 있습니다. 중간고사, 기말고사를 치르기 2-3주 전부터 아이들이 주일학교 예배에 많이 빠진다는 것입니다. 아침 일찍 대예배를 드리고 학원에 가는 아이들도 있지만 아예 아침 일찍 학원에 가서 시험 대비 공부를 하느라 주일날 교회에 안 나오는 아이도 있다고 합니다.

이런 이야기를 들을 때마다 안타까운 마음에 더욱 기도하게 됩니다. 이방 신에게 한 번 바쳐졌던 왕이 주는 진미와 포도주를 마시지 않기로 뜻을 정한 다니엘과 세 친구들(하나냐, 미사엘, 아사랴)이 더욱 떠

오릅니다. 요즘 아이들에게는 좋은 대학에 가기 위해 학교 성적을 올려 준다는, 주일날 이루어지는 학원 수업이 왕이 주는 진미요, 포도주일 수 있습니다.

다니엘과 세 친구들처럼 용기 있는 결단을 한 아이 한 명을 소개합니다. 이 아이는 고등학교 때 예수님을 만나게 되었습니다. 살아 계신 하나님을 인격적으로 만나고 나니 삶이 완전히 달라졌습니다. 유교와 불교가 뒤섞인 집안이었기에 주일날 교회에 간다고 하면 못 가게 할 것 같아 처음에는 몰래 다녔습니다. 부모님이 주일에 집에 있기를 원했기 때문에 외출하는 것 자체가 무척 힘들었는데 하나님이 주신 지혜로 매주 교회에 갈 수 있었습니다. 그 방법은 고등학생이 되었으니 주일날 친구들과 도서관에 가서 공부도 하고 봉사활동도 해야 한다고 말한 것이었습니다.

이 아이는 힘들게 허락을 받고 나서 기쁘고 감사한 마음으로 주일 아침 7시에 집에서 나와 도서관에 갔습니다. 공부를 한 후 오전 고등부 예배에 참석하여 신령과 진정으로 하나님께 예배를 드렸습니다. 매 주일 찬양하고 말씀을 들으면서 구원의 감격과 하나님의 은혜에 감사하여 눈물을 흘렸습니다. 공과 공부까지 다 마치고 다시 도서관에 가서 공부를 했습니다. 때때로 재활원 같은 곳에 가서 봉사활동을 하기도 했습니다. 이처럼 이 아이는 매주 주일성수를 통해 믿음을 키웠으며 부모님께 약속한 대로 도서관과 봉사활동을 간 것입니다.

게다가 이 아이는 설이나 추석이 되어 제사를 지낼 때 절을 하지 않았습니다. 추석 때는 중간고사가 추석 연휴 뒤라서 공부한다고 빠질 수 있었습니다. 그런데 설날은 방학 중이라 시험 핑계를 댈 수 없었고 그제야 솔직하게 용기를 내어 교회에 다닌다는 말을 했다고 합니다. 부모님께 엄청나게 두들겨 맞고 혼이 났지만 자신이 짊어져야 할 십자가로 생각했습니다. 부모님께 맞으면서도 오히려 자신을 이 집안의 축복의 통로요 복의 근원으로 삼아 주신 하나님께 감사를 드렸습니다. 이런 믿음의 용기 있는 행동과 고등학교에 올라와서 몰라보게 성실해진 행동 때문에 결국 부모님께 교회 다니는 것을 허락받게 되었습니다.

이 아이를 옆에서 가까이 보고 있노라면 교사인 제가 부끄러울 때도 있습니다. 순수한 믿음과 하나님으로 인한 용기와 착한 행실, 어디 하나 흠잡을 때가 없습니다. 저는 이 아이를 보며 배울 점이 많았고, 부끄러운 교사가 되지 않기 위해 마음을 다잡기도 합니다.

결국 나중에 부모님도 이 아이를 통해 교회에 나오게 되었습니다. 주일 성수를 잘 지키며 주안에서 부모에게 순종하라는 말씀의 본을 보인 이 아이를 통해 주님의 신실하심과 행하심을 눈으로 직접보고 느낄 수 있었습니다. 이처럼 하나님의 말씀을 목숨 걸고 지키려는 이 아이를 주님이 정말로 귀하게 여기리라 확신합니다. 십계명 중에 제4계명은 이렇게 말합니다.

> 안식일을 기억하여 거룩하게 지키라 출애굽기 20장 8절

이어서 안식을 기억하여 거룩하게 지켜야 하는 이유가 나옵니다.

이는 엿새 동안에 나 여호와가 하늘과 땅과 바다와 그 가운데 모든 것을 만들고 일곱째 날에 쉬었음이라 그러므로 나 여호와가 안식일을 복되게 하여 그날을 거룩하게 하였느니라 출애굽기 20장 11절

하나님은 말씀 그대로 주일을 복된 날, 거룩한 날이 되게 하셨습니다. 자라나는 아이들이 복되고 거룩한 날인 주일을 목숨처럼 지키고, 믿음 앞에 바로 서기를 간절히 기도합니다. 그리고 이를 위해 우리 모두가 아이들을 말씀으로 잘 양육하고 항상 깨어 기도하는 거룩한 사명을 가진 참 좋은 교사가 되기를 간절히 소망합니다.

Before & After

미국의 한 교회에서 여러 사람들이 차례대로 앞으로 나와 골판지로 신앙 간증을 하는 모습을 촬영한 영상을 보았습니다. 미국 어느 사거리에서 노숙자들이 골판지에다 "직장이 필요합니다" "돈이 없습니다" "먹을 것이 없습니다"라고 적어 들고 있는 모습에서 착안한 것으로, 예수 그리스도께서 자기를 어떻게 변화시키셨는지를 담임목사님부터 시작해 성도들이 나와서 간증했습니다.

골판지 앞면은 예수님의 은혜와 잘 몰랐을 때의 죄악 된 삶을 솔직하게 짧은 글로 보여 주고, 뒷면으로 휙 돌리면 예수님을 제대로 만

나 변화된 지금의 모습을 적어 놓는 식입니다.

'…이었던 나, 지금은 …으로 변한 나.'

저는 가끔 이 영상을 보면서 우리 아이들의 가정도 예수님으로 말미암아 변화되기를 간절히 기도합니다. 우리나라든 세상 어느 나라든 모든 가정이 안고 있는 문제는 비슷할 것이기 때문입니다. 이 영상을 우리에게 보여 주신 목사님의 말씀도 특히 마음에 와 닿았습니다.

"우리 함께 오늘도 잔칫집으로 초대하시는 예수 그리스도의 십자가의 능력을 영상을 보며 확인하는 시간이 되기를 바랍니다."

영상에서 본 사람들의 간증을 일부 소개하면 다음과 같습니다.

담임목사님: 다른 사람들에게 들려줄 간증을 골판지에 쓴다면 어떤 말을 쓰시겠습니까? 저의 간증은 이렇습니다.

(앞) 도둑이었고 완전히 망가졌던 자, (뒤) 하나님 안에 있는 자

성도 1: (앞) 그리스도인 남자는 약해 보여서 싫어했던 자, (뒤) 그 약해 보이는 남자 중 한 명!

성도 2: (앞) 암은 내게 죽음의 두려움을 주었음, (뒤) 하나님을 전적으로 신뢰하는 암 생존자!

성도 3: (앞) 장애를 갖고 태어났으며 의사가 두 살을 못 넘기고 죽을 것이라 선고했음, (뒤) 소망, 능력, 평안 안에서 "다음 달에 세 살이 돼요!"

성도 4: (앞) 자녀가 없는 불임 가정, (뒤) 수백 명의 우리 교회 청소년들을 매주 자녀로 주심!

성도 5: (앞) 삼촌에게 성적 학대를 받아 섭식장애에 시달렸던 자, (뒤) 하나님의 진정한 사랑으로 치유된 자.

성도 6: (앞) 이단 교회의 교인이었던 자, (뒤) 은혜와 사랑이 가득한 목자!

성도 7: (앞) 태중에서 3명의 아기가 죽음, (뒤) 천국에서 만날 것을 기다리며 기쁨으로 살아감!

성도 8: (앞) 결혼의 위기, 2007년 여름 별거, 별거 후 성적으로 문란한 생활, (뒤) 그리스도인이 되어 2008년 1월에 세례 받음, 아내와 다시 사랑에 빠짐, 흔들림 없는 재결합!

성도 9: (앞) 남편: 남편으로서의 자격 없었음, 아내: 남편 없이 혼자 10년 동안 교회에 다님, (뒤) 남편: 가정의 영적 리더가 됨, 아내: 간절한 기도가 응답됨!

성도 10: (앞) 술과 마약, 록 앤드 롤 음악에 취했던 삶, (뒤) 주님을 찬양하는 기타 연주자가 됨!

아이들을 돕는
천사들

우리 교회, 같은 사랑방(소그룹) 식구이고 예수님 안에서 아름다운 믿음의 가정을 세운 집사님 부부가 있습니다. 남자 집사님은 학창 시절에 가난해서 참 힘들게 학교를 다녔습니다. 어렵사리 대학교까지 진학을 했는데, 힘든 집안 사정으로 학비를 분할하여 간신히 납부했습니다. 하지만 그것도 나중에는 힘들어졌습니다. 집사님은 '누군가 나를 후원해 주면 공부를 잘할 자신 있는데' 하는 마음이 간절했습니다.

그러다가 교회에서 후원해 주는 장학금을 받게 되었는데 정말 요긴하게 사용했습니다. 그때도 너무나 감사했었고, 지금도 항상 감사한 마음을 가지고 살아가는 인품 좋은 집사님입니다.

신실한 믿음을 가진 아내 집사님도 학창 시절 어려운 집안 형편으로 고등학교 때 학교에서 주는 장학금을 받은 적이 있었습니다.

지금 집사님 부부는 아름다운 주님의 가정을 이루어 따뜻하고 믿음의 본이 되는 가정, 선한 영향력을 끼치는 거룩한 가정이 되었습니다. 하지만 처음에는 굉장한 어려움을 겪었다고 합니다.

두 분은 부모님으로부터 물려받은 사업을 하셨는데, 몇 년 동안 수입도 없었고 매달 이리저리 뛰어다니며 만기된 빚을 갚느라 정신이 없었습니다. 납품 업체에서 얼마나 강도 높은 업무를 주는지 거의 매일 밤 12시에 집에 들어와 2시간 정도 자고 나가서 또 일하기를 2년 동안 했습니다. 남편 집사님의 어머니 되시는 권사님은 아들 회사의 이런 사정을 아시고 날마다 회사에 나와 작업장 중간에서 무릎을 꿇고 주님께 기도를 드렸다고 합니다.

사업하시는 분들이 진짜 고생도 많고 힘들다는 것은 알았지만 이 집사님 부부를 통해서 사업이 얼마나 힘든 일인지 새삼 깨닫게 되었습니다. 흔히 사업하는 분들은 돈을 쉽게 버는 줄 아는데, 정말 아닙니다. 이루 말할 수 없는 열심과 힘든 과정을 거치고 그야말로 피땀 흘려 번 물질인 것입니다. 다행히 집사님 부부는 주님의 은혜로 힘든 시기를 잘 버텨 냈고, 지금은 안정되게 사업을 잘 경영하고 계십니다.

어느 날 집사님 부부가 우리 학교 아이들에게 매달 정기적으로 장학금을 주고 싶다는 뜻을 전해 왔습니다. 어찌나 놀랍고 감사하던지…. 오래전부터 사업이 잘되면 꼭 아이들에게 장학금 주는 일을 하겠다고 꿈꾸며 결심했다고 합니다. 어떻게 하면 그 꿈을 실현할 수 있을까 늘 생각하며 기도 중이었는데 제가 학교에서 아이들과 어떻게 지내고, 어떻게 복음을 전하는지 아시고는 기도 중에 그 마음이 들었다고 합니다.

저에게 큰 감동이 밀려왔습니다. 집사님 부부는 힘든 과정을 거친 학창 시절에 장학금을 받은 아름답고 고마운 기억을 다시금 사랑으로 되돌려 주시려는 것이었습니다. 누군가가 가난하지만 뜨거운 열정과 열심이 있는 자신들에게 도움을 주었듯이 본인들도 아이들에게 누군지 전혀 알리지 않고 꾸준히 돕고 싶다는 뜻을 보이셨습니다.

이렇게 집사님 부부는 예의바르고 마음이 따뜻한 신실한 그리스도인 학생 한 명과 심성이 착하고 부지런한 비그리스도인 학생 한 명에게 매달 얼마씩의 장학금을 주고 계십니다.

우리 학교 학생에게 장학금을 주시는 집사님 부부가 또 있습니다. 서울에 사는 믿음 좋고 아름다운 성품을 가진 젊은 부부입니다. 제가 서울에 있는 집사님 부부가 다니는 교회에 전도 강의를 하러 갔는데, 그때 우리 학교 이야기를 처음 들으셨습니다. 선교를 어떤 식으로든지 하고 싶은데 어떻게 하면 되는지 제게 문의하셨습니다. 그래서 저는 해외 선교지와 농어촌 미자립교회에 선교비를 후원하는 방법과 힘든 집안의 학교 아이들에게 매달 장학금을 후원하는 방법 등을 말씀드렸습니다.

    집사님 부부가 감사한 마음으로 기도하면서 형편이 힘든 학교 아이들에게 장학금을 후원하겠다고 결심하면서 기뻐하고 행복해하셨던 모습이 아직도 눈에 선합니다. 그렇게 해서 또 한 명의 학생이 매달 장학금을 후원받고 있습니다.

    두 집사님 부부에게 얼마나 감사하고 고마운지 모릅니다. 그런데 오히려 이분들은 제게 더 감사해하십니다. 이렇게 선교를 할 수 있고 섬길 수 있는 기회를 주신 하나님께 가장 감사드리고, 축복의 통로가 되어 준 제게 감사하다고 합니다. 제가 해 드릴 수 있는 것은 이분들을 위해 기도하는 것이기에 매일 새벽마다 기도하고 있습니다.

    두 집사님 부부에게 더욱 감사드리는 것은 그분들이 아이들의 기도 제목을 가르쳐 달라고 하시기 때문입니다. 날마다 이 학생들을 위해 기도하려고 물어본 것입니다. 우리 아이들을 위해 기도해 주시고 물질로 후원도 하시는 이분들은 하나님이 보내주신 이 땅의 천사들이라 생각합니다.

    이 천사분들이 부족한 저를 위해서도 기도해 주신다는 것을 알기에 저는 그 기도의 힘과 고마움과 사랑을 몸으로 느낍니다. 날마다 현장에서 부지런히 아이들을 잘 돌보고 최선을 다해 가르치기를 오늘도 다짐합니다.

30년, 50년 근속하신
주일학교 선생님

어느 교회 주일학교 교사들을 대상으로 강의를 하러 갔을 때입니다. 강의 전에 담임목사님이 주일학교 교사들의 사랑의 수고와 노력을 칭찬하며 축복해 주셨습니다. 그리고 연이어 주일학교 교사들 중에서 두 분을 수상하는 시간이 있었습니다.

옆에 앉아 계신 목사님께 어떤 상을 받는지 여쭈어 보았더니, 주일학교 교사로서 근속하신 분들에 대한 상이라고 했습니다. 그 말을 듣고 나서 두 분을 보니 주일학교 교사로서 하나님의 부르심에 순종하며 얼마나 기쁜 마음으로 섬기셨는지 인자한 표정만 봐도 알 수 있었습니다.

첫 번째로 상을 받으신 분은 주일학교 교사로 30년을 근속했습니다. '30년 근속'이라는 말을 듣는데, 저도 모르게 입 밖으로 "우와!" 하고 감탄사가 나왔습니다. 옆에 계신 목사님께 "진짜 대단하시네요. 어떻게 주일학교 교사로 30년을 근속하실 수 있죠? 참 대단한 분이십니다"라고 말씀을 드렸습니다. 그러자 목사님이 빙그레 웃으며 이렇게 말씀했습니다.

"30년, 대단하시죠? 그런데 더한 분도 계십니다."

그러면서 다음에 수상하실 분을 가리켰습니다. 주일학교 교사로 무려 50년을 근속해 상을 받으시는 선생님이었습니다. 저는 이번에는 진짜 완전 더 놀라서 "우와~ 우와~" 했습니다.

"어떻게 50년씩이나, 그것도 쉬지 않고 연속으로! 이게 가능한 일인가요?"

50년 근속 교사는 올해 69세이신 남자 선생님이었습니다. 19세부터 주일학교 교사로 섬기기 시작했는데, 올해로 딱 50년째가 되었던 것입니다. 그분의 수상 소감은 저를 더 감동시켰습니다.

"저를 이 자리까지 오게 해 주신 하나님께 모든 감사와 영광을 올려 드립니다. 부족한 저를 주일학교 교사로 부르시고, 사명감을 주시고, 끝까지 붙들고 여기까지 오게 하신 전능하신 하나님께 감사를 드리지 않을 수 없습니다. 힘들고 지칠 때도 있었지만 그때마다 좋으신 우리 하나님이 '○○아, 나는 너의 하나님이란다. 네게 이 존귀한 아이들을 맡기고 싶구나! 네가 아니면 누가 이 아이들을 돌보아 주겠니?'라고 말씀하셨습니다. 저는 주님의 음성에 순종했을 뿐입니다. 제 힘이 다하는 그날까지 하늘나라의 소망을 품고 하나님이 주실 상급을 향해 나아가면서 하나님이 주신 직분인 주일학교 교사로서 최선을 다할 것입니다."

선생님의 말씀 하나하나가 감동 그 자체였습니다. 그중에서도 특히 더 감격스러웠던 것은 "나의 나 된 것은 오로지 하나님의 은혜이며, 주의 음성에 순종하며 하늘나라의 소망을 품고 하나님이 주실 상급을 향해 끝까지 최선을 다하겠다"라는 말씀이었습니다.

수상식을 마치면서 담임목사님이 진심을 가득 담아 말씀을 전하셨습니다. 그 말씀이 또 한 번 제 마음을 울렸습니다.

"저는 이 땅에서 담임목사로서 많은 성도님과 다른 많은 사람에게 존경과 칭찬과 축복을 받아 누리고 있습니다. 그런데 정말 많은 기도와 사랑의 수고를 하며 아이들을 위해 물질로도 마음껏 섬기시는 주일학교 선생님들을 보니 정말 부러울 뿐입니다. 이 모든 보상을 땅에서 받지 않고 하늘나라 상급으로 받으실 것을 생각하니 부럽지 않을 수가 없습니다. 하늘나라에 그 많은 보화를 쌓아 두셨으니 정말 좋으시겠습니다. 저도 은퇴하고 나면 반드시 주일학교 교사로 섬기며 여러분처럼 하늘나라 저장고에 많은 보화를 쌓아 두렵니다."

주일학교 교사 50년 근속을 수상하신 선생님이 여기까지 이끄신 분이 하나님이심을 고백하며 감동과 감격에 겨워 소감을 말씀하시던 장면이 아직도 눈에 선합니다. 평생 잊히지 않을 아름다운 장면으로 남을 것 같습니다. 선생님이 정말 대단하고 존경스러워 보였습니다.

그러면서 '나도 주일학교 교사로 50년 이상 근속하는 선생님이 되자' 하고 다짐했습니다. 당시는 주일학교 교사 근속 연수가 10년쯤 되었을 때인데, 자만하거나 교만할 틈도 주시지 않고 겸손하게 주어진 임무를 감당하도록 마음을 다잡아 주신 하나님께 감사드릴 수밖에 없었습니다.

지혜 있는 자는
궁창의 빛과 같이 빛날 것이요
많은 사람을 옳은 데로 돌아오게 한 자는
별과 같이 영원토록 빛나리라

다니엘 12장 3절

Part 2 **두근두근 재미난 학교**

최고의 전도는 오래 참는 것

칭찬과 격려의 위대함

초등학교 4학년 때 담임선생님은 제 이름을 따듯하게 불러 주셨습니다. 그분께 엄청나게 감사한 일이 있습니다. 저를 칭찬하고, 격려하고, 세워 주며, 기대해 주신 것입니다. 하루는 선생님이 저를 부르시더니 이렇게 말씀하셨습니다.

"병호야, 너 머리가 똑똑하구나. 수학이랑 체육을 잘하는 거 보니까 너 머리 있는 녀석이야."

그 말씀을 들은 제가 정말 놀라서 드렸던 말씀이 아직도 정확히 기억납니다.

"아닌데요, 선생님. 저는 수학이랑 체육이 '미'인데요. 다른 과목은 전부 '가'구요."

제가 어릴 때는 초등학교가 '국민학교'라 불렸고, 성적이 '수우미양가'로 평가되었습니다. 90-100점이 '수', 80-89점이 '우', 70-79점이 '미', 60-69점이 '양', 59점 이하가 '가'였습니다. 이처럼 형편없는 성적이었기에 솔직하게 드린 말씀이었습니다. 하지만 차마 제가 3학년 때 반에서 공부 꼴찌였다고 말씀드리지는 못했습니다. 너무 창피했기 때문입니다. 이런 저에게 4학년 담임선생님이 "머리가 좋구나" 하시니까 부정할 수밖에 없었습니다.

하지만 이렇게 답하는 저에게 선생님은 웃으면서 이렇게 말씀해 주시는 것이 아니겠습니까!

"아니야, 병호야, 수학이랑 체육은 아무나 '미' 못 받는단다. '미' 이상 받는 아이들은 머리가 다 똑똑한 아이들이야. 똑똑하니까 다른 과목도 조금만 공부하면 금방 오를 거야. 기대할게, 병호야!"

지금 생각해 보면 아주 심하게 과장하고 '뻥을 치신' 것이지만 그래도 저는 정말 그 말씀이 고마웠고, 그 말씀에 얼마나 많은 힘과 용기를 얻었는지 모릅니다.

'내 이름을 따뜻하게 불러 주시고, 나를 칭찬해 주시고, 나 같은 아이에게 기대를 하시다니, 정말 고마운 선생님이시다.'

그래서 저는 마음속으로 이렇게 결심했습니다.

'그래, 이렇게 고마우신 선생님을 위해 최선을 다해 공부하자. 그래서 내가 성적을 올린 만큼 선생님의 월급도 같이 올려 드리자.'

그때는 어려서 좀 순진했던지 제 성적이 올라가면 선생님 월급도 같이 올라가는 줄 알았습니다. 6학년이 되고 나서야 그게 아니라는 것을 알게 되었습니다.

이후 저는 수업 시간에 진짜 열심히 들으며 집중했고, 처음으로 시험 기간에 시험공부라는 것을 해 보았습니다. 그때 선생님이 메모를 하면 공부를 잘할 수 있다고 말씀해 주셔서 수업 시간에 필기를 열심히 하기 시작했습니다. 이때 습관이 잘 잡혀서 지금까지 설교 시간에 은혜받은 말씀을 메모한다거나 중요한 일이나 깨달은 점을 폰 메모장에 적는 습관으로 연결된 것 같습니다.

중고등학교로 올라갈수록 내용이 점점 어려워지고 배움의 양이 많아지기 때문에 성적이 한꺼번에 확 올라가는 경우가 드물지만, 초등학교 때야 배우는 내용이 비교적 쉽고 양도 그리 많지 않기 때문에 공부한 만큼 효과를 볼 수 있는 것 같습니다.

그래서인지 마음먹고 열심히 공부한 이후부터 성적이 눈에 띄게 올라갔습니다. 받아쓰기를 맨날 10점, 20점 받던 제가 이전까지 받아보지 못했던 고득점을 받아 보는 등 참 신기한 일이 벌어졌습니다. 반에서 꼴찌 하던 녀석이 갑자기 공부를 잘하는 학생으로 바뀌었습니다. 친구들도 신기해했고, 저 또한 놀랐습니다. 4학년이 끝나는 종업식날 성적표를 받았는데 진짜 놀랐습니다. 한 과목만 '우', 다른 과목은 모두 '수' 란에 동그라미가 찍혀 있었습니다. 저에게 '수', '우'란 성적은 처음 있는 일이었습니다.

　이 놀라운 일은 제게 자신감을 준 계기가 되었습니다. 그래서 5, 6학년 때 모두 '수'라는 성적을 받았고, 중학교 반 편성 배치고사를 잘 쳐서 전교 1등으로 선서하고 입학하게 되었습니다. 더 좋은 성적표도 있지만, 지금도 제가 가장 좋아하는 성적표는 4학년 때 받은 것입니다. 아직도 제 초등학교 상장 파일철에 그 성적표가 들어 있습니다. 한 번씩 넘기면서 보는데, 이 성적표만 보면 선생님을 향한 고마움과 감사한 마음이 들어서 흐뭇한 미소가 나옵니다.

　정말로 저는 그 선생님이 따뜻하게 제 이름을 불러 주시고, 칭찬해 주시며, "잘할 수 있을 거야"라고 기대해 주신 말씀 한마디 때문에 열심히 공부한 것입니다. 그래서 저는 부족하지만 우리 학교 아이들에게 칭찬만큼은 정말 진심을 담아서 최고로 해 주려고 합니다. 선생님의 눈으로 보니 지적하고 고쳐 줄 것이 너무 많지만 진짜 꾹 참습니다. 적어도 5회의 칭찬과 격려, 따뜻한 말로 용기를 북돋아 주고 1회 정도 고칠 점을 말해 주려고 노력합니다. 어떤 경우에는 칭찬과 격려만 했는데도 아이들이 개선할 점을 스스로 알아서 보완하기도 했습니다.

　그 모습을 보면서 '이 방법이 나에게만 통하는 건 아니구나'라고 확신하게 되었습니다. 게다가 늘 칭찬하고, 격려하며, 좋은 말을 해 주다 보니 아이들이 자꾸 달려와서 제게 칭찬을 듣고 싶어 합니다. 한 번은 이런 일이 있었습니다.

　"선생님, 저 머리 했는데, 어때요? 이상해요, 안 이상해요? 애들이 자꾸 누구 닮았다고 뭐라 해요."

"쌤이 봤을 땐 진짜 이번에 머리 잘됐는데! 완전 이미지 변신도 성공하고, 또 다른 느낌이 됐어. 완전 매력이 넘치는 걸? 그 애들이 괜히 부러우니까 너한테 딴지 거는 거야. 쌤 말 믿어! 진짜 많은 아이를 보는 쌤 눈이 더 정확하겠지? 그치?"

정말 진심을 담아 이야기해 주었습니다. 그랬더니 아이가 완전 기뻐하면서 맞장구를 쳤습니다.

"맞아요, 애들이 저의 매력이 부러워서 괜히 그러는 거 맞죠? 선생님이 그렇게 말씀해 주시니 이제 됐어요. 걔네들 말에 신경 안 쓸래요. 고마워요, 선생님."

그러면서 손가락으로 하트 2개를 '뿅~ 뿅~' 보내고 윙크 한 번 날려 주고 신나게 매점으로 달려갔습니다.

그보다 흔한 일은 이렇습니다. 한 아이가 슬픈 얼굴을 하고선 제게 와 하소연을 했습니다.

"선생님, 애들이 제 성적 보고 뭐라 해요. 수학 공부 열심히 하더니 75점밖에 못 받았냐고요. 걔들 좀 혼내 주세요. 근데 저 진짜 바본가 봐요, 힝힝~"

"그래? 그게 누구야? 누가 우리 지민이 놀렸어? 선생님이 그 애들 혼내 줄 테니까 얼른 말해 봐! 누가 그렇게 놀리는지 다 말해 봐!"

아이가 사실대로 이름을 밝히자 저는 흥분한 척 말했습니다.

"그래, 알겠어. 내가 그 녀석들 가만 안 두겠어. 글구 내가 그 애들 성적 아는데, 그렇게 너 놀릴 만한 점수 못 받았는데? 요 녀석들이 배

아파서 그런가 보다."

그러고는 제가 4학년 때 담임선생님께 직접 듣고 용기를 얻은 경험을 살려서 격려해 주었습니다.

"지민아, 수학 75점 아무나 못 받아. 머리가 똑똑하고 좋은 사람만 수학 70점 이상 받을 수 있어. 게다가 이번에 선생님이 시험 어렵게 냈어. 그래서 평균도 저번보다 더 낮아. 진짜 지민이 열심히 공부한 거 알아. 75점도 정말 잘한 거란다. 네가 문제 풀다가 몇 개 실수한 게 있어서 예전 성적보다 조금 떨어진 것뿐이야. 다음번에는 정말 더 잘 치를 수 있을 거야. 선생님이 기대할게. 글구 언제든지 모르는 문제 있으면 가르쳐 줄 테니까 쌤한테 오고, 알겠지?"

그러자 아이는 금방 씩 하고 웃으면서 "맞아요, 선생님! 이번에 제가 문제 풀면서 계산 실수를 넘 많이 했어요. 담부턴 계산 실수 안 할 거예요"라고 말하며 기분 좋게 갔습니다. 이 아이는 다음번 시험에서 90점 이상 고득점을 받았고, 이후 줄곧 100점을 받았습니다.

친구들이 머리 모양 보고 놀린다고 저를 찾아온 아이와 수학 점수 잘 못 받았다고 찡찡대며 온 아이는 서로 친구 사이입니다. 둘이 제게 같이 와서 이렇게 말했습니다.

"선생님, 선생님은 맨날 밝게 웃고 다니시고, 기분 좋아 보이시고, 열정이 넘치시는데, 그 에너지가 다 어디서 나와요? 진짜 궁금해요."

"응, 맞나? 너네들 눈에도 그렇게 보이나? 와~! 진짜 감사하네. 너희들이 물어봤으니까 솔직하게 얘기해 줄게. 쌤 교회 다닌다 아이가. 교회 가서 예배드리고 예수님 만나고 하니까 힘이 넘쳐 난다. 쌤도 힘들 때가 있고 지칠 때도 있는데 하나님한테 기도하니까 금방 새 힘 주시고 회복시켜 주셔서 평안해지더라. 너희들도 교회 다니면서 직접 경험해 보면 쌤이 무슨 말 하는지 알 거야."

"진짜요? 그럼 우리도 쌤 따라 교회 가도 돼요?"

"그럼 되고 말고. 고맙다, 야~ 그래 다음 주에 꼭 보자."

이렇게 약속을 했고 아이들은 다음 주에 교회에 나왔습니다. 지금은 이 아이들도 제 고백처럼 늘 하나님이 주시는 능력과 평강을 맛보며 지내고 있습니다. 얼마나 감사한 일입니까! 이 모든 일을 행하신 하나님께 감사와 찬양과 영광을 올려 드립니다.

성령 충만한
꼬리 치는 강아지

저는 아침에 교문에서 아이들을 지도하는 시간을 정말 좋아합니다. 왜냐하면 우리 학교 550여 명 대부분의 아이들을 만날 수 있는 시간이기 때문입니다. 반갑게 서로 인사하며 멋진 아이들을 맞이하는데 어찌 기쁘지 않을 수가 있겠습니까?

신나게 달려와 저와 하이파이브 하는 아이, 눈웃음과 함께 귀엽게 얼굴 옆에 손을 올리고 좌우로 흔드는 아이, 머리 위로 큰 하트를 만들어 주는 아이, 윙크 하며 사랑의 하트를 양 손가락으로 만들어 날려 주는 아이, 저를 안으러 멀리서부터 두 팔을 크게 벌리고 돌진해 오는 남자아이 등 정말 다양합니다.

이때 저도 들어오는 아이들의 이름을 한 명씩 불러 주면서 반갑게 인사합니다.

"○○아, 반가워~!"

비록 짧은 말이지만 그 속에 '○○아, 넌 정말 소중하고 존귀한 아이야. 오늘도 힘차고 행복한 하루 보내렴!'이라는 의미를 마음 가득 담아 건넵니다. 등교하는 아이들을 보며 마음속으로 마음껏 축복하며 기도합니다. 그리고 아이들을 보면서 같이 서 있는 선생님들에게 아이들 칭찬도 많이 해 줍니다.

"○○이는 진짜 수업 열심히 들어요."

"○○이 요즘 악기 연습 정말 열심히 합니다."

이 모습이 매일 아침 풍경입니다.

저는 아이들이 좋습니다. 솔직히 제가 아이들과 똑같은 수준이기 때문에 아이들을 보면 옆에 가서 장난치고 싶고 한마디라도 더 말을 걸고 싶습니다. 그런 저를 친구처럼 스스럼없이 대해 주는 아이들이 더 좋고 고마울 뿐입니다.

보통 아이들이 보이면 저는 이름을 부르면서 먼저 말을 겁니다.

"어이~ ○○아~ 잘 지내? 요새 잘 지내는가 봐! 얼굴에 윤기가 흐르네~."

아이들이 교사인 제게 먼저 인사해야 한다고 꼭 정해진 것은 아니기에 저 먼저 인사합니다. 그럼 아이들도 반갑게 인사하면서 "선생님도 잘 지내세요?" 하며 환하게 웃어 주고 하이파이브 한 번 하고 지나갑니다. 이렇게 짧게 인사를 하고 지나가지만 그 잠깐의 교감이 얼마나 기쁘고, 즐겁고, 유쾌한 일상인지 모릅니다.

웃는 얼굴은 전염성이 있어서 아이들도 정말 환하게 웃습니다. 서로 인사하는 짧은 순간이지만 아이들의 웃음꽃이 활짝 핀 밝은 얼굴을 보는 것은 매일의 행복입니다.

쉬는 시간은 아이들이 웃고, 떠들며, 친구들과 함께 어우러져서 잠깐의 쉼을 통해 재충전하는 시간입니다. 이 시간에는 교무실이 아이들로 북적입니다. 아이들이 삼삼오오 짝을 지어서 교무실에 앉아 있는 저를 찾아오기도 합니다. 그럴 때면 하고 있던 업무를 일단 멈춥니다.

"어~ 잠시만, 조금만 기다려 줘~"라고 말한 적도 있는데, 그럼 아이들이 기다리는 것이 신경 쓰이기도 하고 아이들이 보면 안 되는 자료들도 있기 때문에 집중이 잘 안 됩니다. 무엇보다 애써 쉬는 시간에 할 말이 있어서 저한테 왔는데 잠깐이라도 제 뒤에서 뻘쭘하게 서 있게 하는 것이 미안해서 무조건 즉시 하던 일을 멈춥니다.

하루는 여학생 한 무리가 교무실로 왔습니다. 그날은 집중해서 무언가를 하고 있다 보니 아이들이 등 뒤에 서 있다는 것을 전혀 알지 못했습니다. 한 아이가 "병호 선생님!" 하고 부르자 그제야 알았습니다. 다들 반가운 얼굴이라서 환하게 웃으며 인사부터 했습니다.

"아구야~ 이쁜 애들이 단체로 오셨네~ 반가워! 다들 잘 지내고 있지?"

그랬더니 갑자기 한 아이가 이렇게 말했습니다.

"선생님, 절대 기분 나쁘게 듣지 마시구요, 오해하지도 마세요. 선생님, 이거 좋은 건데요, 말씀드려도 돼요?"

그래서 저는 "그래, 알겠다. 좋은 거라고 하는데 뭐~ 쌤이 못 들을 게 뭐 있냐? 오해 안 할 테니 쌤한테 말해 봐~!"라고 했습니다. 그랬더니 아이가 환하게 웃으면서 말했습니다.

"선생님은 꼬리 치는 우리 집 강아지 같으세요!"

나는 깜짝 놀라 당황했지만 웃음을 잃지 않고 물었습니다.

"에잉~? 뭐라고? 쌤이 너네 집 강아지 같다고?"

학생의 설명은 이러했습니다.

"있잖아요, 제가 귀여운 강아지 한 마리를 키우는데요, 제가 집에 들어가면 입구에서부터 막 반갑게 꼬리 흔들면서 돌고, 뛰고, 기어오르거든요. 선생님도 맨날 우리 볼 때마다 환하게 웃으면서 반갑게 맞이해 주시니까 갑자기 우리 집 강아지가 생각났어요. 그만큼 우리가 좋다는 거잖아요. 그래서 그만큼 우리도 쌤이 좋다는 말이에요. 좋은 말이니까 제가 설명을 잘 못했어도 절대 오해하시면 안 돼요~"

그 말을 들은 저는 기분이 좋아져서 씩 웃으며 말했습니다.

"음~ 꼬리 치는 강아지~ 그거 참 좋다. 선생님이 좋은 말인 거 알겠어. 매일 봐도 너희들 볼 때마다 너무 좋으니까, 그때마다 꼬리 치는 강아지 해 줄게!"

그랬더니 아이들이 전부 "좋아요~! 좋아요~ 선생님! 저희들 볼 때마다 꼭 지금처럼 해 주세요"라고 말하더니 까르르 웃었습니다.

이 일이 있은 후부터 저는 주인이 오면 즐거워하며 반겨 주는 강아지처럼 정말로 기쁜 마음으로 아이들에게 인사를 하게 되었습니다.

'더욱더 환하게 웃으면서 반갑게 인사하는 모든 아이의 꼬리 치는 강아지가 되자'라고 결심했습니다.

이렇게 활짝 웃으며 반갑게 건네는 인사는 아이들에 대한 제 사랑의 표현 방식입니다.

"내가 너희를 얼마나 좋아하고 아끼는지 알지?"

이런 음성 메시지를 표정과 반갑게 건네는 인사에 담아서 하는 것입니다. 실제로 그 말을 하지는 않지만 아이들은 제 표정만 봐도, 제가 반겨 주는 모습만 봐도 자기들을 얼마나 좋아하는지 알겠다고 했습니다.

말보다는 얼굴 표정과 행동, 말투가 먼저 전달되는 법입니다. 우리가 잘 알고 있는 '메라비언의 법칙'('한 사람이 상대방으로부터 받는 이미지는 시각과 청각이 각각 55%와 38%, 말의 내용은 7%에 불과하다'라는 뜻으로 55%-38%-7% 법칙)처럼 말입니다.

> 새 계명을 너희에게 주노니 서로 사랑하라 내가 너희를 사랑한 것같이 너희도 서로 사랑하라 요한복음 13장 34절

이 말씀처럼 하나님의 사랑을 먼저 받은 자로서 제가 그 은혜에 보답하는 길은 받은 사랑을 아이들에게 나누어 주는 것이라고 확신합니다. 그러기 위해서는 주님이 누르고 흔들어 넘치도록 제게 주시는 사랑과 은혜와 축복과 평강을 먼저 경험해야 합니다. 그래야만 저의 편협한 사랑이 아니라 제게 흘러넘치는 주님의 사랑과 기쁨을 아

이들에게 흘려보낼 수 있습니다.

> 주라 그리하면 너희에게 줄 것이니 곧 후히 되어 누르고 흔들어 넘치도록 하여 너희에게 안겨 주리라 너희가 헤아리는 그 헤아림으로 너희도 헤아림을 도로 받을 것이니라 누가복음 6장 38절

저는 이 말씀대로 아이들에게 사랑을 베풀어 줄 것입니다. 하나님은 제가 아이들에게 사랑을 주면 후히 되어 누르고 흔들어 넘치도록 하여 제게 사랑을 안겨 주리라고 말씀하셨습니다. 하나님은 제가 아이들을 헤아리는 그 헤아림으로 저도 헤아림을 도로 받을 것이라고 분명히 말씀하셨습니다.

갈릴리 호수는 헤르몬산의 만년설이 녹아 만들어진 깨끗한 물을 받고, 다시 그 맑은 물을 사해로 흘려보내서 1년 내내 깨끗합니다. 수많은 물고기와 식물 등 생명체가 넘쳐 납니다. 반면에 사해는 갈릴리 호수의 깨끗한 물을 받지만 흘려보내지 않고 고여 있기에 썩은 물이 되었습니다.

이처럼 저는 하나님께 받은 사랑을 흘려보내는 갈릴리 호수가 되고 싶습니다. 하나님의 사랑을 외치는 확성기이고 싶습니다. 그래서 오늘도 감사하며 이렇게 다짐합니다.

"아이들에게 하나님의 사랑을 흘려보내는 '성령 충만한 꼬리 치는 강아지'가 되자."

머리털까지 세시는
하나님

　2009년 6월 9일 아침에 저는 울고 있었습니다. 학교에 일찍 도착해서 곧장 향한 곳은 1층 예배실이었습니다. 그곳에 홀로 앉아 소리 없이 울었습니다. 그러다가 나중에는 소리 내어 흐느끼며 울었습니다.

　다른 학교에 있을 때 어느 선생님이 육아 휴직을 내서 임시로 몇 개월 동안 담임을 대신한 적이 있지만, 처음부터 정식으로 담임을 한 것은 그해가 처음이었습니다. 첫 담임인 만큼 정말 최선을 다해 아이들을 보살펴 주고 하나라도 더 잘해 주기 위해 무진장 애를 썼습니다.

　'담임이 되면 이렇게 잘해 줘야지, 저렇게 잘해 줘야지' 하면서 부푼 기대를 안고 열정적으로 시작한 고 1 담임이었습니다. 그런데 4개월도 채 되지 않아서 삐걱거리기 시작했습니다.

　착하고 이쁜 아이들의 환한 웃음과 화기애애한 반 분위기 속에서 맞이한 3월은 그야말로 꿈만 같고 행복한 시간이었습니다. 아이들이 마냥 귀엽고 이쁘기만 했습니다. 그런데 4월이 되면서 중학생 티가 점점 없어지고 서로에 대해 본격적인 탐색을 끝내고 알 만큼 알게 되자 여기저기서 큰일이 터지기 시작했습니다. 그렇게 다정하고 친했던 아이들에게 파벌이 생겼고, 서로 헐뜯고, 다투며, 생전 처음 들어 보는 욕도 했습니다. 정말 3월에 봤던 순진한 아이들이 맞나 싶을 정도로 놀랐습니다.

　4월 6일은 제 생일인데, 이날 아이들끼리 다툼이 있었고 싸움으로 번졌습니다. 아이들과 학부모들은 만나 상담하고 처리할 일들을 다

끝내고 나니 밤 12시쯤 되었습니다. 몸에 있는 기운이 다 빠져나가고 기절할 정도로 힘이 없어 차에서 잠시 눈을 붙였는데, 눈을 떠 보니 다음 날 아침이었습니다. 이렇게 제 평생 가장 힘든 생일을 보내고 일어나서 얼른 집에 들어가 씻고 바로 학교로 출근했던 기억이 납니다.

제가 맡은 반은 무용과 아이들로 구성되어 있었는데, 실기를 하다가 발목과 허리를 자주 다쳤습니다. 붕대를 칭칭 감은 아이들의 절뚝거리는 모습과 아픈 허리를 잡고 펴면서 고통스러워하는 모습을 볼 때마다 마음이 안 좋았습니다. 그래도 실기 시간에 이를 악물고 연습하는 아이들을 보면서 대단하다는 생각을 했습니다.

이렇게 다친 아이들을 위해 제가 수업이 없는 시간에 가끔씩 한의원이나 정형외과에 태워다 주곤 했습니다. 아이들이 정말 고마워했고, 저 또한 도움을 줄 수 있어서 뿌듯한 마음이 많이 들었습니다.

그런데 하루는 한 아이가 제게 와서 귀여운 목소리로 부탁을 했습니다.

"선생님, 저 연습하다가 다리를 많이 삐었는데요, 다음 시간에 저 좀 병원까지 태워다 주시면 안 돼요?"

"어~ 다쳤어? 아구~ 어떡해. 선생님이 진짜 병원까지 태워다 주고 싶은데 다음 시간에 회의가 있어서 안 될 것 같아. 미안해. 외출시켜 줄 테니까 조심해서 병원 잘 다녀와."

그 순간이었습니다. 갑자기 아이의 낯빛이 변하더니 옆 친구에게 짜증을 내면서 이렇게 말하며 가 버렸습니다.

"아~! 짜증나~! ○○이는 태워다 줬으면서 나는 안 된대."

저는 그 말을 듣고는 큰 충격을 받았습니다.

'아, 지금 내가 무슨 말을 들은 거지? 내가 왜 이 아이한테 이렇게 짜증 섞인 말을 들어야 하지?'

이런 생각이 들면서 망치로 머리를 한 대 얻어맞은 느낌이 들었습니다. 그리고 이 일 뒤로는 반 아이가 아프다고 해도 기쁜 마음으로 태워다 줄 수 없어서 처음부터 안 된다고 말했습니다.

학생들과의 정겨운 나눔과 따뜻함을 꿈꾸던 담임교사로서의 환상이 깨지면서 마음이 아프고, 몸도 아프고, 정신적으로도 매우 혼란스러웠습니다. 날이 지날수록 더더욱 힘들어만 갔습니다.

아픔과 상처로 심적으로 가장 힘든 상태일 때 저는 학교 예배당에 들어가 하나님 앞에서 울었습니다.

"하나님, 정말 담임교사로서 아이들을 지도하기 힘드네요. 정말 이렇게 힘들 줄 몰랐어요."

제 마음속에 있는 생각을 하나님께 솔직히 다 말씀드리며 울었습니다. 그때 놀랍게도 하나님이 응답해 주셨습니다. 그런데 엉뚱하게도 이렇게 말씀하시는 것이 아닙니까!

"병호야, 너가 너희 반 아이들을 만난 지가 오늘로서 100일이 되었구나."

너무도 명확하게 응답해 주셔서 놀라웠지만, 워낙 쌩뚱맞은 말씀이라 당황해서 여쭈었습니다.

"하나님, 갑자기 동문서답도 아니고, 제가 힘들다고 말씀드렸는데 아이들과 만난 지 100일째라는 말씀을 왜 하십니까?"

그러자 하나님이 "보통 만난 지 100일쯤 되면 서로의 장단점이 다 보여서 힘들 수 있단다. 경험해 봐서 알지 않느냐?"라고 말씀해 주셨습니다. 옳은 말씀이라는 생각이 들었습니다.

"네, 맞습니다, 하나님. 보통 100일쯤 만나고 나면 친구들의 장단점이 다 파악돼서 힘들 때가 있었습니다. 지금이 6월 초니까 얼추 계산해 보니 아이들과 만난 지 100일쯤 되어 보입니다."

그랬더니 하나님이 "너는 수학 교사가 아니냐? 한번 정확하게 세어 보아라" 하셨습니다. 날수를 찬찬히 세어 보았습니다.

"하나님, 3월이 31일, 4월이 30일, 5월이 31일, 오늘이 6월 9일이니까, 오늘로서 우리 반 아이들을 만난 지 딱 101일째 되는 날이네요. 얼추 맞추셨네요, 하나님."

그러자 하나님이 씩 웃으시면서 제게 이렇게 말씀하셨습니다.

"병호야, 삼일절은 빼야지. 너 아이들과 3월 2일에 처음 만났단다."

이 말씀에 너무 놀라서 폰에 있는 달력을 얼른 보니 정말로 3월 1일은 주일이자 삼일절이라서 3월 2일 월요일에 입학식을 했습니다. 주님의 이 응답을 받고 더 큰 소리로 목 놓아 울었습니다. 이번에는 슬픔과 힘듦의 눈물이 아니라 세심하게 저를 지켜보고 계시는 주님의 따뜻함에 고맙고 놀라워서 흘린 기쁨과 감사의 눈물이었습니다.

"감사합니다, 주님. 감사합니다. 이렇게 주님이 저의 작은 신음에도 응답해 주시고 저를 돌보아 주시다니요. 이제 더 이상 울지 않겠습니다. 진짜 100일쯤 됐을 때 친구들의 장단점이 다 보여서 힘들 때도 있었습니다. 이렇게 주님이 정확하게 날수까지 세시며 저를 눈동자처럼 지켜보고 계시니 감사하고 또 감사드립니다. 이제 더 이상 아이들 때문에 울지 않겠습니다. 이런 것들도 다 지나고 보면 힘들었던 만큼 소중한 추억이자 감사 제목이 될 줄 믿습니다. 훌륭한 담임, 좋은 담임을 만들기 위해 저를 연단하시는 과정으로 생각하고 감사함으로 우리 반을 맡도록 하겠습니다. 더 이상 우리 반 아이들 때문에 하나님 앞에서 징징거리지 않겠습니다. 정말로 감사드립니다."

저는 하나님의 음성을 듣고 기도 응답을 받으면서 정말로 다음 말씀이 '진짜구나! 맞구나!'라는 생각이 들었습니다.

> 너희에게는 심지어 머리털까지도 다 세신 바 되었나니 두려워하지 말라 너희는 많은 참새보다 더 귀하니라 누가복음 12장 7절

정말 그 뒤로 10년 동안 담임을 하면서, 첫해 담임을 하며 연단을 하도 많이 받았기에 그해보다 더 힘든 적은 한 해도 없었습니다. 해가 갈수록 담임이 더 재밌고 보람이 더해졌고, 아이들과의 유대 관계도 훨씬 더 끈끈해졌습니다. 첫해에 담임을 맡으며 받은 연단과 하나님이 담임으로서 갖추어야 할 지혜와 지식을 주시고 경험을 쌓게 해 주셨기에 가능했던 일입니다. 이 모든 일이 가능하도록 한량없는 은혜를 부어 주신 전능하신 하나님께 감사와 영광을 올려 드립니다.

아빠라고 부르는
아이들

학교에 있다 보면 교사인 저를 보고 "아빠"라고 부르는 아이들이 있습니다. 복도에서 큰 소리로 대놓고 "아빠~"라고 부르면서 달려오는 아이도 있고, 둘이 있을 때만 살짝 "아빠"라고 부르는 아이도 있습니다.

살짝 상담실로 와서 "선생님, 전 아빠가 안 계세요. 선생님이 진짜 제 아빠라면 정말 좋겠어요. 아빠라고 불러도 돼요?"라고 말하며 눈에 눈물이 그렁그렁 고인 아이를 보고 있노라면 저도 덩달아 눈물이 납니다. 제가 해 줄 수 있는 일이라고는 자상하게 챙겨 주고, 따뜻하게 돌보면서, 아이를 위해 기도해 주는 것밖에 없습니다.

부족한 저를 아빠만큼의 존재로 여기며 의지하는 아이들이 있기에 저는 항상 최선을 다해 더 열심히 살려고 노력합니다. 아이들에게 실제 육체의 아빠가 되어 줄 수는 없지만 영적인 아빠가 되기 위해 애씁니다.

이 세상의 모든 아빠가 그렇듯이 저는 교사로서, 또 영적인 아빠로서 아이들을 위해 무엇인가 해 줄 수 있는 일이 있는지 늘 생각합니다. 아픈 곳은 없는지, 학교생활과 신앙생활은 잘하고 있는지 더욱더 신경이 쓰입니다. 그래서 쉬는 시간이나 점심시간이 되면 만나서 이런저런 이야기를 나누고, 맛있는 과자를 먹으면서 수다도 떱니다. 아이들의 말을 귀담아들어 줍니다.

믿음 안에서 잘 자라고 학교생활도 신나게 하는 모습을 보면 실제 제 아들딸이라도 보는 양 얼마나 감사하고 기쁜지 모릅니다. 반면에 그렇지 않은 아이들을 볼 때는 더욱 마음이 아프고, 같이 기도하며 함께 해결책을 찾습니다.

어느 순간 '내가 어떻게 이 아이들의 영적인 아빠가 되어 있지?'라고 생각하며 제 모습을 보면서 소스라치게 놀랄 때가 있습니다. 하나님과 일대일로 있을 때 제일 많이 하는 기도가 있습니다.

"하나님 아버지, 이 아이들에게 부끄럽지 않은 제가 되게 해 주세요. 넓고 깊은 마음을 주시고, 아이들을 사랑으로 감싸고 따뜻하게 돌보는 멋진 믿음의 교사, 영적인 아빠가 되게 해 주세요. 예수님의 이름으로 기도드립니다. 아멘."

하나님이 제 기도에 응답해 주실 줄 믿습니다. 오늘도 감사한 마음으로 믿음의 교사와 행복한 영적인 아빠가 되기 위해 최선을 다하기를 다짐해 봅니다.

공든 탑이
무너지기도 하더라

입학하자마자 금방 친해진 아이가 있습니다. 매우 쾌활한 성격에 밝고 솔직한 아이라 함께 있으면 언제나 즐거웠습니다. 이 아이가 하루는 제게 말했습니다.

"선생님, 교회 가면 좋아요? 좋으면 뭐가 좋은데요?"

그래서 저는 "응~ 교회 가면 예수님도 만나고, 하나님의 은혜로운 말씀도 듣고, 좋은 친구들과 교제도 하고, 마음의 평안도 얻고, 축복도 받는 등 정말 좋아서 다 말하기 힘들어"라고 말해 주었습니다. 그랬더니 아이는 "어? 진짜예요? 그럼 저도 갈래요"라고 하면서 교회에 나오기 시작했습니다. 워낙 활발한 아이였기에 교회에서도 금방 적응했고, 사람들과도 곧잘 어울리는 모습을 보고 참 기뻤습니다.

그러던 어느 날 분명히 아직 고등부 예배가 끝나지도 않았는데 이 아이가 교회에 처음 온 아이 2명을 데리고 맛있는 음식을 사 먹으러 교회 밖으로 나갔다는 사실을 알게 되었습니다.

저는 화가 났습니다. 교회에 한두 번 온 것도 아니고 온 지 서너 달은 된 것 같은데, 그럼 예배를 다 마치고 나와야 한다는 것을 알면서도 새 친구들을 데리고 예배 중에 도망 나왔다는 생각을 하니 황당했습니다. 오늘 교회에 처음 온 아이들이야 몰라서 그랬다 치더라도 '그 아이는 그러면 안 되는 것 아닌가?' 하는 생각이 먼저 들었습니다.

게다가 이 아이가 주동자가 되어서 예배 중에 선생님께 화장실에 간다고 말씀드리고 몰래 나왔다는 이야기를 나중에 듣고는 더 당황스러웠습니다.

'아이가 매번 그런 것도 아니고, 또 교회 온 지 이제 몇 달밖에 되지 않았는데 그럴 수도 있지.'

이렇게 생각했어야 했는데 저는 그러지 못했습니다. 그래서 결국 주동해서 먼저 나가자고 그 아이에게 화를 내고 말았습니다. 화를 내지 않아도 알아듣게 잘 이야기할 수 있었을 텐데 말입니다. 아이는 자신이 잘못했다는 것은 알겠지만 제가 화내는 모습을 처음 보고는 적잖게 놀라며 충격을 받은 것 같았습니다.

"바쁜 일 있어도 교회에 나오려고 노력했고, 그래서 잘 나왔고, 어쩌다 유혹을 이기지 못해 딱 한 번 그런 건데 선생님이 화내시고…. 선생님, 너무해요."

이렇게 말하면서 눈물을 흘리는데, 저는 그 순간 아차 싶었습니다. '화내기 전에 이야기부터 들어 줄 걸. 그럼 자기가 먼저 잘못했다고 인정하고 다시는 안 그러겠다고 했을 텐데' 하는 후회가 밀려왔습니다. 하지만 이미 엎질러진 물이 되고야 말았습니다.

> 내 사랑하는 형제들아 너희가 알지니 사람마다 듣기는 속히 하고 말하기는 더디 하며 성내기도 더디 하라 야고보서 1장 19절

이 말씀을 따랐어야 했는데 말입니다. 그 일 후로 아이는 교회를 향한 발걸음을 뚝 끊어 버렸고, 둘 사이는 그야말로 뻘쭘한 관계가 되고 말았습니다. 그 뒤 제가 몇 번이나 그때 화내서 미안하다고 했지만 한번 삐쳐서 상처받고 돌아선 아이의 마음을 돌이키기엔 역부족이었습니다.

그렇게 시간이 지났고, 다시 아이와 친해지는 데 무려 9개월이라는 시간이 흘렀습니다. 몇 개월이 더 지나고 1년 6개월이 되자 아이는 다시 교회에 나왔습니다. 그날 제가 얼마나 감사하고 감격스러웠는지 모릅니다. "공든 탑이 무너지랴"라는 속담이 있는데, 이 사건 이후에 공든 탑도 무너질 수 있다는 것을 알게 되었습니다.

야고보서 1장 19절 말씀은 진짜 진리 중에 진리입니다. 정말로 듣기는 속히 하고 화내는 것과 말하는 것은 더디 해야 후회할 일이 생기지 않습니다. 이 사건으로 뼈저리게 느끼고 경험한 저는 아이들에게 혼내고 꾸중할 일이 생기면 두 번, 세 번 생각하고 말하게 되었습니다.

일단 아이의 말을 다 듣고 난 후에 목소리 톤을 절대 높이지 않고 천천히, 그리고 단호하지만 최대한 부드럽게 훈계하고자 노력합니다. 아이들의 이야기가 말도 안 되는 변명 같을지라도 그 말을 들어 주지 않으면 반항심이 생긴다는 것을 알게 되었습니다.

그동안 쌓아 놓았던 기도와 사랑의 수고가 순식간에 무너질 수 있다는 것을 깨닫고 난 뒤로는 아이들에게 더욱 조심스럽게 말하고 행동합니다. 공든 탑을 한순간에 무너뜨리지 않기 위해 제게 문제점과 고칠 점은 없는지 저 자신을 두 번, 세 번 돌아보는 습관도 생겼습니다. 이를 깨닫고 실천에 옮길 수 있게 해 주신 하나님께 감사와 영광을 올려 드립니다.

담배랑 사탕이랑 바꾸자

담배를 끊고 싶은데 자기 의지로는 도저히 힘들다고 찾아와서 상담하는 아이들이 있습니다. 담배를 처음부터 안 피웠으면 좋았을 텐데, 호기심에 피우기 시작해 이제는 스스로 끊을 수 없을 정도가 된 것입니다. 그래도 담배를 끊고자 굳은 마음을 먹은 아이가 그렇게 기특하고 이뻐 보일 수가 없습니다.

그래서 저는 그 아이들을 구청 보건소 금연 클리닉에 데리고 갑니다. 아이들과 함께 즐겁게 웃으면서 갑니다. 사랑하니까 아이들을 데려가는 것입니다. 보건소에 가면 설명을 정말 잘해 줍니다. 교사인 저도 아이들 옆에서 교육을 받다 보니 담배에 대해 많이 알게 되었습니다.

니코틴은 1급 마약류입니다. 소지만 해도 잡혀가는 대마초는 3급 마약류입니다. 참 아이러니하지 않습니까? 3급 마약류는 소지만 해도 법의 심판을 받는데, 1급 마약류인 니코틴이 들어 있는 담배는 상용화되어 있다니 말입니다. 참 안타까운 현실입니다. 담배를 피우면 불임이 되고, 폐암에 걸릴 확률이 몇 배나 높아집니다. 담배에는 타르, 벤젠, 니코틴 등 몸에 해롭다고 밝혀진 물질만 4000여 개나 들어 있습니다. 지금도 활발히 연구 중인데, 합치면 10만여 개의 해로운 물질이 들어 있다고 합니다.

이렇게 나쁜 물질이 많고 아편과 동급인 1급 마약류 니코틴이 들어 있는 담배를 사랑하는 우리 아이들이 찾지도 않고, 피우는 일이 절대 없도록 최선을 다해 도와주고 싶습니다. 그 첫 번째 방법이 금연 클리닉에 데려가는 것입니다. 두 번째 방법은 갖고 있는 담배를 내면 사탕이나 과자와 바꾸어 주는 것입니다. 물론 학교에서는 담배를 소지하기만 해도 벌을 받습니다. 하지만 담배를 피우려고 가져왔다가 반성하고 스스로 담배를 내면 이런 방법으로 격려해 줍니다. 이렇게 노력해 담배를 줄여 가는 아이들도 있고, 금연에 성공한 아이들도 있습니다.

저를 보고는 저 복도 끝에서부터 달려오면서 "선생님, 저 금연한 지 10일이나 지났어요. 잘했죠?", "저는 금연한 지 3개월 됐는데요, 이제 담배 냄새가 싫어졌어요"라고 기쁨에 차서 말하는 아이들이 이쁘기만 합니다. 물론 얼마 지난 후 다시 복도에서 마주쳐서 제가 먼저 반갑게 인사를 건네며 "○○아~ 지금도 여전히 금연 잘하고 있지?" 하고 물으면 멋쩍게 웃으며 이렇게 말하는 아이들도 있습니다.

"에휴~ 선생님, 죄송해요. 엊그제 또 한 대 피웠어요. 아! 진짜 안 피우려고 했는데요, 스트레스 받는 일이 생겨가지고요, 딱 한 대 피웠습니다. 그래서 다시 금연한 지 3일째예요. 이번엔 진짜 성공하려고요."

이런 아이들에게 저는 격려를 아끼지 않습니다.

"그래, 잘하고 있다. 그렇게 금연하려고 노력하다 보면 진짜 담배 끊게 된다. 선생님은 ○○이가 담배를 완전히 끊을 줄 믿는다. 아자자! 파이팅~! ○○이가 담배 완전히 끊게 되길 기도할게."

"고맙습니다, 선생님. 금연 오랫동안 해서 다시 선생님한테 자랑하러 오겠습니다."

"그래, 고맙다. ○○아~ 그렇게 말해 줘서 진짜 고맙데이~!"

이렇게 마음을 터놓고 도움을 청하는 아이들이 저는 정말로 고맙고 좋습니다.

그리고 아이들이 이런 저를 좋아하고 믿고 따르다 보니 많은 아이가 저와 함께 교회에 나가게 되었습니다. 게다가 그 부모님들도 자신의 자녀가 담배를 끊게 하려고 노력하는 저에게 고맙다며 아이와 함께 교회에 왔습니다. 처음에는 아이를 제 차에 태워서 교회에 갔는데, 어느 날부터인가 어머님들이 "이제 태우러 오지 않으셔도 됩니다"라며 직접 운전해 오셨습니다. 그렇게 같이 오면 아이는 저와 함께 고등부 예배를 드리고, 부모님은 대예배를 드렸습니다. 이 모든 일을 아름답게 만들어 가시는 하나님께 진심으로 감사와 찬양과 영광을 올려 드립니다.

사랑은
오래 기다리는 것

복도에서 저를 보면 멀리서도 달려와 반갑게 인사하는 아이가 있었습니다. 늘 해맑게 웃으며 굳이 달려와서 인사하는 아이가 고맙고 좋았습니다. 그런데 이 아이가 달려와서 하는 말은 늘 똑같았습니다.

"선생님, 제가 다음 주에는 꼭 교회 갈게요. 지난주에는 갑자기 일이 생겨서 못 갔어요. 진짜 죄송해요. 근데요, 다음 주는 진짜 갈 수 있어요. 다음 주에 가도 되죠?"

이렇게 말하는 아이가 얼마나 이뻐 보이겠습니까?

그런데 고개를 갸우뚱하게 만드는 것은 이렇게 말한 지가 1년 6개월이 넘었는데 교회에 온 적이 한 번도 없다는 사실이었습니다. 고등학교 1학년 내도록 이렇게 이야기하더니, 2학년 1학기가 되어서도 똑같았습니다. 그렇게 시간이 가고 2학년 2학기가 되었습니다. 그날도 복도에서 마주친 아이가 제게 반갑게 인사하면서 똑같이 이야기하기에 저도 언제나처럼 똑같이 말해 주었습니다.

"○○아~ 선생님은 ○○이가 교회에 오면 정말 기쁘고, 행복하고, 감사할 거야. 그치만 선생님은 ○○이가 교회에 오든 안 오든 똑같이 좋아하고 이뻐한단다. 그러니까 교회 오는 것에 너무 부담 갖지 않아도 돼~. 그래도 한결같이 선생님을 볼 때마다 교회 온다고 말해 주어서 정말 고마워~!"

저는 그 아이가 교회 못 가서 죄송하다고 매번 이야기할 때마다 "교회에 온다 하고 왜 안 왔니?" 하고 따져 묻지 않았습니다. 오히려 "무슨 일 있었구나? 다음번에는 꼭 오렴~" 하고 부드럽게 말하며 더욱 반갑게 인사했습니다.

그러던 아이가 2학년 2학기가 되면서, 드디어 교회에 나왔습니다. 아이의 집에서 우리 교회까지 1시간 거리라서 머니까 태우러 간다고 했는데도 굳이 자기가 알아서 대중교통을 이용해서 오겠다고 했습니다. 사실 이번에도 안 올 줄 알았는데 진짜 왔습니다! 그 뒤로도 계속 오고 있습니다.

제가 이렇게까지 아이를 오랫동안 기다릴 수 있었던 이유는 바로 말씀을 통해 사랑의 속성을 배웠고 깨달았기 때문입니다.

고린도전서 13장은 '사랑장'이라고 불립니다. 사랑의 속성 15가지가 나오는데, 그중에서 3가지가 비슷한 속성입니다. 제일 처음에 나오는 "사랑은 오래 참고"(4절), 열두 번째에 나오는 "모든 것을 참으며"(7절), 마지막 열다섯 번째에 나오는 "모든 것을 견디느니라"(7절)입니다. '오래 참고, 모든 것을 참으며, 모든 것을 견디는 것'이 바로 사랑이며, 최고의 전도라는 사실을 깨닫고 알게 되었습니다. 처음도 인내하는 것이고, 중간도 기다려 주는 것이고, 마지막까지 참으며 견디는 것이 사랑이며 전도입니다.

저는 많은 분께 이렇게 말씀드리곤 합니다.

"전도하고자 하는 열정이 불타오르듯 올라오는 것은 참 좋고, 칭찬할 일이며, 박수할 일이지만 그렇다고 너무 밀어붙이거나 급하게 몰아가지는 마세요."

밀어붙일 때도 있어야 하지만 조용히 기도하며 이 핑계, 저 핑계를 대도 모르는 척하고 때를 기다리며 넘어가야 할 때도 있습니다. 인내하면서 하나님이 이루어 가심을 눈으로 보고 감탄하는 경험도 정말 짜릿하고 행복합니다. 이 놀라운 경험을 모두 해 볼 수 있기를 간절히 기도드립니다.

잊을 수 없는
교생

해마다 5월이면 학교에 교생 선생님들이 오십니다. 저도 지금으로부터 10여 년 전에 교생 실습을 했습니다. 그 설렘과 떨림! '잘해야지' 하는 굳은 마음으로 배정받은 학교로 갔던 기억이 납니다.

보통 한 해에 교생 선생님이 10명 정도 오시는데, 10년 정도 지났으니 약 100여 명의 교생 선생님들을 본 것 같습니다. 그중에서 가장 기억에 남는, 잊을 수 없는 교생 선생님이 있습니다.

그 교생 선생님은 우리 학교 출신인데, 제가 교사로 부임했을 때 고 3 학생이었습니다. 처음 봤을 때는 그저 활발하고, 눈빛이 강렬하고, 잘 웃는 아이였습니다. 다른 선생님들이 볼 때마다 "와~! 진짜 우리 ○○이 많이 변했데이~ 정말 사람 됐데이~"라고 하시기에 고등학교 1, 2학년 때 조금 철이 안 들었구나 정도로만 생각했던 아이였습니다. 그런 아이가 시간이 지나 모교인 우리 학교에 교생 선생님이 되어 온 것입니다. 그제야 그 교생 선생님의 과거 화려했던(?) 시절의 이야기를 들을 수 있었습니다.

반마다 반 분위기를 주도하는 학생이 있고, 학년마다 가장 힘 있고 말발 세고 영향력 있는 아이가 있는데 딱 그런 학생이었습니다. 이 학생은 고등학교 1, 2학년 때 용돈이 필요 없었다고 합니다. 왜냐하면 반 아이들한테 빌리면 되었기 때문입니다. 말이 빌리는 것이지 사실 뺏는 것이었습니다. 수업을 듣기 싫고 놀고 싶으니까 수업을 '째고' 몇몇 아이들을 데리고 부산대학교 앞 노래방이나 커피숍에 가서 놀았습니다. 출석부에 적히면 무단 결과가 되고 담임선생님께 혼나니까 아예 반 출석부를 조례 끝나고 나면 자기 사물함에 넣어 놓고 열쇠로 잠그고 나갈 정도였습니다. 그리고 종례 직전에 들어와서 출석부를 꺼내 놓는 주도면밀함을 보였습니다.

기독교 학교라 부활절이나 'Born again'(새생명축제)과 같은 기독교 행사 날이 되면 이 학생은 예배드리기 싫으니까 교실에 숨어 있었습니다. 한번은 숨어 있는데 학생부장 선생님이 반마다 아직 남아 있는 아이들이 있는지 순시하러 왔습니다. 그러자 2층 창문을 통해 화단으로 뛰어내렸다가 발목에 금이 가서 깁스 하고 한참을 다녔습니다. 험하고 거친 말, 욕을 얼마나 찰지게 했던지 선생님들을 몸서리치게 할 정도였습니다.

그런데 이 학생에게 기적이 일어났습니다. 로마서 10장 17절, "그러므로 믿음은 들음에서 나며 들음은 그리스도의 말씀으로 말미암았느니라"라는 말씀처럼 변화를 받았습니다. 자세한 이야기는 이렇습니다.

우리 학교는 아침마다 방송 예배를 드립니다. 평소 예배는 성악과 아이들로 구성된 예닮중창단의 아름다운 찬양으로 시작됩니다. 아이들의 목소리가 어찌나 아름답고 고운지 들을 때마다 신기하고 은혜롭습니다. 수요일에는 악기를 연주하는 아이들의 특별 찬양으로 예배가 시작됩니다. 피아노와 바이올린, 피아노와 오보에, 피아노와 플루트 등의 합주로 하나님께 찬양을 올려 드립니다. 악기 소리도 곱고 온 마음과 정성을 다해 연주하는 아이들의 모습도 정말로 아름답습니다.

그리고 나면 목사님이 성경을 읽어 주고 5분 정도 말씀을 전하십니다. 짧은 시간이지만 핵심을 꼭꼭 짚어 하루 종일 기억에 남을 만한 은혜로운 말씀을 전해 주시기에 귀담아들을 수밖에 없습니다. 말씀이 끝나면 다 같이 기도로 마무리합니다. 이렇게 하루 일과를 찬양과 말씀과 기도로 시작하니 얼마나 감사하고, 은혜롭고, 좋은지 모릅니다. 진짜 복 중에 복이 아닐 수 없습니다.

일주일에 한 번씩 성경 시간이 있는데, 교목 목사님이 각 반에 들어가 성경을 가르쳐 주십니다. 매주 수요일 점심시간에는 '수요 찬양'을 통해 찬양을 부르고 말씀을 들을 수 있으며, 아침 큐티 모임과 점심시간을 쪼개어 많은 선생님이 인도하시는 성경 공부 모임과 기도 모임이 있습니다. 그런데 이 학생이 고등학교 2학년 말 무렵에 이를 통해 예수님을 만나게 되었던 것입니다.

처음에는 친구들 따라 성경 공부 모임과 기도 모임에 참여하게 되었습니다. 무슨 말인지 잘은 몰랐지만 아침 예배 시간과 성경 시간에 들었던 말들이 간간이 나와서 잘 듣게 되었습니다. 모임에 참여하는 아이들이 착해서 한두 번 호기심으로 나갔는데, 어느 순간 예수님을 만났고, 이제는 이전처럼 살면 안 되겠다는 생각이 들었습니다. 그렇게 변화된 때가 고등학교 3학년이었는데, 그때 제가 처음 학교에 부임해서 이 학생을 보게 되었던 것입니다.

저야 이 학생의 과거를 몰랐지만 이 학생을 2년 동안 지켜본 선생님들은 기적이 일어났다고 하셨습니다. 공부도 열심히 하고, 교회도 잘 다니고, 수업을 째지도 않고, 힘이 약한 아이들을 괴롭히지도 않는 모습을 보면서 진짜 놀라워했습니다.

이 학생은 변화된 후 한때 자신처럼 방황하고, 잘못된 행동으로 친구들을 괴롭히고, 시간을 낭비하는 아이들에게 좋은 그리스도인 교사가 되어 바른길로 지도하고 싶다고 했습니다. 열심히 노력해서 기적처럼 사범 대학을 가게 되었고, 모교인 우리 학교에 교생 선생님으로 와서 후배들 앞에 서게 되었던 것입니다.

짧지만 강렬한 간증을 들은 저는 믿기지 않아 제 눈을 의심했습니다. 고등학교 3학년 때 선생님들이 기적이라고, 변해도 정말 좋게 많이 변했다고 대놓고 칭찬하니까 수줍게 웃으며 도망가던 모습만 기억하는 저로서는 가히 충격이었습니다.

교생 선생님에게 예수님을 어떻게 믿게 되었고 변화되었는지, 예수님을 믿게 되어서 학창 시절에 얼마나 감사하고 행복했는지 나눠 줄 수 있겠느냐고 물었더니 흔쾌히 괜찮다며 학생들 앞에서 간증을 나누었습니다. 그 간증이 얼마나 은혜롭고 감격스럽던지 듣는 아이들 중에 한 명도 자는 사람 없이 교생이 되어 멋지게 돌아온 선배의 간증을 집중해서 들었습니다.

말씀에는 놀라운 힘과 능력이 있습니다. 말씀을 통해 예수님을 제대로 만나기만 하면 인생이 아름답게 변합니다.

선생님, 제 이름이 뭐게요?

이름의 소중함

저는 이름의 소중함과 칭찬의 위대함을 정말 잘 압니다. 제게 놀라운 체험이 있기 때문입니다. 초등학교 3학년까지 저는 공부로는 반에서 꼴찌였습니다. 사실 제가 꼴찌인지도 잘 몰랐습니다. 알게 된 경위는 이렇습니다. 3학년 때 처음으로 반장 선거에 나가게 되었습니다. 우리 반이 모두 60명 정도 되었는데, 반장 후보로 12명이 출마했습니다. 추천받은 12명의 이름이 칠판에 쭉 나열되어 있었는데, 저도 그중 한 명이었습니다. 그런데 담임선생님이 제 이름을 보고는 칠판에서 지우시는 것이었습니다! 마음속으로 정말 놀랐습니다.

'응? 왜 내 이름을 칠판에서 지우시지?'

당황해하고 있는데 저를 추천한 친구가 선생님께 질문했습니다.

"선생님, 병호 이름은 왜 지우세요?"

그 친구에게 고맙기도 하고 미안하기도 했습니다. 선생님의 답변은 이러했습니다.

"응, 병호는 성적이 너무 파이다(나쁘다)."

저는 순간 너무도 챙피하고 부끄러워 어디 숨고 싶었습니다. 그런데 그다음 어떤 아이가 또 질문했습니다.

"선생님, 병호 성적이 얼마나 파인데요?"

정말 궁금해서 질문했을 수도 있겠지만, 지금 생각하면 조금 나쁜 친구인 것 같습니다. 그런데 그때 선생님이 아무 말씀도 없이 엄지를 펴더니 아래로 향하게 하고는 두세 번 흔드셨습니다. 그때의 충격이란! 처음 맛보는 좌절감, 쪽팔림, 수치심 그 자체였습니다. 얼마나 충격을 받았던지 한 석 달 동안 학교에서 말을 못했습니다.

그러다가 4학년이 되었습니다. 감사하게도 4학년 담임선생님은 제 눈을 보시며 제 이름을 처음으로 따뜻하고 다정하게 불러 주셨습니다.

"병호야~."

선생님이 제 이름을 불러 주실 때 얼마나 감사했는지 모릅니다. 처음으로 선생님이 저를 챙겨 주고 인정해 주신다는 것을 느꼈습니다. 학교에서 묻혀 있던 저를 완전하게 꺼내 주신 분입니다.

그래서 저는 교사가 되고 나서 아이들의 이름을 꼭 외워서 4학년 담임선생님처럼 따뜻하게 한 명, 한 명 눈을 바라보며 불러 주겠다고 다짐했습니다.

3월 첫째 주가 되면 고등학교 1학년 학생들은 교복을 입고 증명사진을 찍습니다. 그러면 저는 증명사진을 반별로 모아서 컬러 프린트로 인쇄해 한 명, 한 명 이름을 외웁니다. 중학교 때 찍은 사진이 입학 원서에 붙어 있기에 그것을 보고 외운 적도 있습니다. 하지만 아이들은 하루가 다르게 크기 때문에 중학교 때 사진을 봐서는 훌쩍 커 버린 지금의 모습을 알아볼 수가 없습니다. 그래서 이 방법을 택했습니다. 2, 3학년들은 찍어 놓은 사진을 반별로 모아서 같은 방식으로 외웁니다.

그리고 매 수업 시간마다 출석을 부르고 수업을 시작하는데, 시간이 조금 걸려도 학생의 이름을 부르고 대답하면 따뜻한 미소와 함께 아이와 눈인사를 합니다. 머리를 끄덕이며 어느 자리에 앉아 있는지 확인하고 나서 다음 학생의 이름을 부릅니다. 1분 정도 시간이 더 걸리고 일일이 바라본다는 작은 차이가 있지만 엄청난 효과가 있기 때문에 저는 늘 출석을 부르며 이름과 얼굴을 맞추어 봅니다.

가장 이름을 외우기 어려운 반이 있는데, 무용과입니다. 무용과 여학생들의 경우 앞머리를 다 이마 위로 올린 다음에 망을 한 상태로 증명사진을 찍기 때문입니다. 순전히 눈, 코, 입 등 이목구비로만 아이들을 구분해야 하기 때문에 마치 제가 성형외과 의사가 된 것처럼 얼굴을 자세히 보고 이름을 외웁니다.

우리 학교 전교생은 550명 정도입니다. 총 15개 반이 있는데, 전교생의 이름을 다 외우려고 늘 노력합니다. 저의 바람대로 한 번 얼굴을 보면 각인되어 이름이 저절로 나오면 얼마나 좋으련마는, 저는 결코 그렇지 못합니다. 한 번, 두 번 봐도 까먹고 여러 번 봐야 합니다. 여러 번 봐도 잘 기억을 못해서 자책도 자주 했습니다. 특히 이미지가 닮은 학생의 경우 자꾸 이름이 헷갈리고 잘 외워지지가 않습니다.

그래도 매일 노력하는 수밖에 없기에 수업에 들어가기 전 쉬는 시간에 수업할 내용을 한 번 훑어본 다음 아이들의 사진을 한 번씩 꼭 봅니다. 수업 시간에 "너"라고 하는 것보다 "상현아", "명준아" 하고 이름을 불러 주면 아이들이 얼마나 좋아하는지 모릅니다. 종종 "어? 선생님, 제 이름 어떻게 아셨어요? 와, 신기해요." 이런 반응을 보이기도 합니다. 그러면 저는 이렇게 말해 줍니다.

"응, 너 멋있잖아. 잘생겼잖아. 그래서 이름 알았어."

"너 많이 예쁘고 착하잖아. 이름 금방 외워지더라."

그럼 3월에는 꼭 이런 일이 생깁니다. 제가 복도를 지나가고 있으면 저기 복도 끝에서부터 "선생님~!" 하고 헐레벌떡 뛰어 오는 아이가 있습니다. "왜 그래? 무슨 일이야?" 하고 물으면 "아이고 숨 차라. 선생님, 제 이름이 뭐게요?" 이렇게 물어보는 아이가 꼭 있습니다. 제가 "혹시 너 이름이 뭔지 물어보려고 이렇게 뛰어온 거야?"라고 되물으면 "당연하죠. 선생님이 제 이름을 알고 있다는 게 저한테 얼마나 중요한데요. 어서 말해 보세요. 제가 누구예요? 제 이름 뭐냐고요?" 다그치며 묻습니다. 그럼 저는 대부분 다 아니까 여유롭게 웃으면서 답합니다.

"선생님이 너 당연히 알지. 너 유진이 아냐? 맞지?"

간혹 몇 학년 몇 반 몇 번이고, 앉은 자리까지 기억할 경우 그것까지 말해 주면 아이가 완전 좋아합니다. 기뻐서 펄쩍 뛰는 경우도 있습니다.

"와~! 선생님, 진짜 제 이름 아시네요. 완전 감동이에요. 진짜 고마워요. 저 수학 별로 안 좋아했는데요, 이제부터 쌤 시간에 진짜 열심히 수업 들을게요. 그리고 선생님 따라 교회도 갈게요."

이렇게 말하며 환하게 웃고 가는데 얼마나 감사하고 기쁜지 모릅니다. 그때마다 마음속으로 '하나님, 감사드립니다. 정말 감사드립니다' 하고 하나님께 영광을 올려 드리곤 합니다. 그리고 저도 까먹기 전에 얼른 폰을 꺼내어 메모장에 '유진이가 교회 온다고 함'이라고 적어 둡니다.

그런데 저도 사람입니다. 이름을 외우려고 엄청 노력하지만 까먹을 때가 있습니다. 그러다가 한번 진짜 호되게 혼난 적이 있습니다. 3월, 학기 초였습니다. 쉬는 시간에 수업을 마치고 교무실에 들어오는 길에 한 무리의 여학생들을 복도에서 만났습니다. "선생님, 저희들이 누구게요?" 하기에 웃으며 말해 주었습니다.

"너는 누구고, 너는 누구지…."

수업을 몇 번 들어간 뒤여서 출석을 부를 때 봤기에 어느 정도 쉽게 앉은 자리까지 말하며 답해 주었습니다. 그러다가 한 아이랑 눈이 딱 마주쳤는데, 정말 처음 보는 것 같은 느낌이었습니다. 마음속으로

'전학생인 것 같다'는 생각까지 들었습니다. 그래서 웃으며 저도 모르게 고개를 갸우뚱거리며 뜸을 들였습니다. 그러자 그 아이가 "선생님, 왜 이러세요? 저 누군지 아시잖아요. 제가 수업 시간에 대답도 잘하고 얼마나 열심히 들었는데 진짜 이러시기예요? 장난치지 말고 빨리 말해 보세요" 하고는 다그쳤습니다.

저는 진짜 머리를 쥐어짜듯이 굴렸습니다.

'아~ 이 아이는 전학생 같은데, 아… 누구지?'

생각해 내려고 애쓰느라 식은땀까지 흘렸습니다. 그러는 사이에 주위 다른 아이들이 그 아이를 놀리기 시작했습니다.

"오예~! 선생님이 니 이름만 모르신다. 우리는 예쁘니까 우리 이름은 다 아시는데, 니는 특히 못생겨서 모르신다 아이가!"

더 난처한 상황이 되고 말았습니다. 아이의 얼굴을 보니 벌써 벌겋게 달아올랐고, 눈빛을 보니 저를 흘겨보고 있었고, 빨갛게 충혈되더니 눈물이 고이는 것이 보였습니다.

'아~ 주님! 어찌합니까? 도와주세요.'

이 기도가 속으로 저절로 나왔습니다. 아이는 제가 자기 이름만 모르고, 게다가 친구들이 놀리기까지 하니까 무척 당황스러웠던지 "와~! 실망이다. 진짜 내 이름 모르시네. 저 이제 수학 공부 안 할 거예요. 다음에 쌤 따라 교회 갈려고 했는데 절대로 교회도 안 가요. 흥! 치~!" 이렇게 말하곤 달려가 버렸습니다.

그 상황이 너무 당황스러웠습니다. 저도, 주위 친구들도 순식간에 벌어진 일이라 어쩔 줄 몰랐습니다. 그래도 달려가는 아이를 그냥 보낼 수는 없었기에 잡으러 뛰어갔습니다. 뛰어가기 전에 아이들한테 살짝 물었습니다.

"저 아이 이름이 뭐야?"

그러고는 큰 소리로 아이의 이름을 불렀습니다. 다 따라잡고는 아이 앞에 서서 말했습니다.

"○○아~ 진짜 미안해. 선생님이 너 ○○인 거 이제 안다. 진작 못 알아봐서 미안해, ○○아!"

그러면서 교무실로 데리고 왔습니다. 하지만 이미 삐칠 대로 삐친 상태였습니다. 아이는 교무실에 들어올 때부터 저에게 쏘아붙이기 시작했습니다. 제가 수학 선생님인 것을 뻔히 다 알면서 "왜요? 선생님이 누구신데요? 국어 가르치세요? 영어 가르치세요? 무슨 과목 가르치는 쌤인데요?"라고 따져 물었습니다. 저는 아이를 차분하게 달랜 뒤에 솔직하게 이야기해 주었습니다.

"○○아, 선생님이 솔직하게 너희들의 이름을 어떻게 아는지 알려줄게. 학기 초에 너희들이 교복 입고 찍은 증명사진 명렬표를 보고 얼굴이랑 이름을 외우거든. 근데 간혹 보니까 학교에서 안 찍고 부산대학교 앞 사진관에서 증명사진을 찍고 뽀샵(포토샵) 처리해서 제출한 아이도 있던데, 보니까 니가 그랬네. 봐봐~. 이 사진 속 인물이 넌데, 너가 뽀샵 처리 다 해가지고 턱 깎고, 얼굴 하얗게 하고, 코 세우고, 눈 크게 해서 넌 줄 몰랐어. 우리 솔직하게 인정할 건 인정하자."

아이는 사진을 보더니 "뭐, 그건 인정해요"라고 말했습니다.

"그래, 사진 속 ○○이도 예쁘지만 실제 ○○이도 진짜 예쁘다. 앞으로는 ○○이 너 이름 절대 안 까먹을 테니까 오늘 일 한 번만 봐 줘 잉~!"

아이는 그제야 화가 조금 누그러지면서 대신 조건을 달았습니다.

"대신에 제 이름 절대 까먹지 말고 언제든지 불러 주셔야 해요."

"당연하지. 고맙다, ○○아. 자, 하이파이브~! 짝!"

이 일이 있은 후 그 아이의 반에 들어갈 때마다 일부러 큰 소리로 말했습니다.

"어? 이 반이 이쁜 ○○이 반 맞지?"

그랬더니 다른 아이들은 "뭐야? 뭐야?" 하는 분위기이고, 사건을 다 아는 아이들은 키득키득 웃었습니다. 그리고 정작 당사자인 ○○이는 큰 소리로 "호호호~ 네, 맞아요! 이 반은 이쁜 ○○이 반이에요"라고 말하며 기뻐하고 크게 웃었습니다.

그렇게 한 달 동안 했더니 하루는 아이가 찾아와서 제게 흐뭇한 미소와 함께 말했습니다.

"선생님, 이제 수업 시작 전에 안 그러셔도 돼요. 이제 충분해요."

마음속으로 '이제 상처가 다 아물었나 보다' 싶어서 "그래, 고마워. 네 이름은 쌤이 평생 기억하며 죽을 때까지 기도해 줄게"라고 말했습니다. 그 후 ○○이는 저와 함께 교회를 잘 다녔습니다.

하루 한 번은
꼭 이름 불러 주기

이렇게 저는 이름의 위력을 잘 알기에 우리 반 아이들의 이름을 하루에 적어도 한 번씩은 꼭 다 불러 주고 싶었습니다. 수업 시간에 보면, 진짜 모범적으로 대답을 잘하고 수업을 잘 듣는 학생이나 반대로 자주 떠드는 말썽꾸러기 학생의 이름은 선생님들이 잘 불러 주시지만 나머지 아이들의 이름은 잘 안 불리는 것 같았습니다. 저 또한 이런 경험을 했기에 우리 반 아이들은 특히 신경 써서 이름을 불러 주고 싶었습니다.

언제 우리 반 아이들의 이름을 부르며 한 번씩 눈인사를 할 수 있을까 생각해 보니 종례 마치고 하교할 때 기분 좋게 하면 될 것 같았습니다. 그래서 종례 때 청소를 끝내고 마무리 인사를 하고 나면 저는 앞문에 서 있습니다. 그러면 아이들이 차례대로 제출했던 폰을 폰 가방에서 꺼내 앞문을 통해 나갑니다. 활짝 웃으며 기분 좋게 저랑 하이파이브를 하며 나가는데, 저는 그때 아이의 눈을 바라보며 따뜻하게 이름을 불러 줍니다. 하루 동안 최선을 다해 열심히 공부한 아이들에 대한 격려이자 칭찬의 표현이기도 하고, 하루 일과를 끝낸 담임교사와 아이들의 멋진 마무리 인사이기도 합니다.

축구 경기에서 골을 넣고 나면 선수들끼리 다양하게 환희의 골세레모니를 나누며 기뻐하듯이, 저 또한 아이들이 하루 동안 열심히 학교생활한 것을 인정해 주고 칭찬해 주는 일종의 세레모니를 하는 것입니다. 야구 경기가 끝나고 감독 및 코칭스태프들이 선수들과 한 줄로 서서 하이파이브를 하며 마무리하는 모습을 보고 아이디어가 떠올라 하게 되었습니다.

처음에는 아이들이 어색해했고, 눈을 똥그랗게 뜨고 피하기도 했습니다. 그렇지만 일주일 정도 하다 보니 아이들도 재미있었던지 제 손을 있는 힘껏 치기도 했습니다. 종례 끝나고 학교를 나서는 발걸음만큼 기쁜 발걸음이 또 어디 있겠습니까? 그렇기 때문에 항상 신나게 기쁜 마음으로 축복하며 아이들의 이름을 부르며 마무리하는 것입니다.

"아쿠, 우리 ○○이, 진짜 수고했어."
"오~! 우리 △△이, 오늘도 정말 열심히 잘했어."

이렇게 이름을 부르며 눈을 따뜻하고 다정하게 바라봐 줍니다. 그러면 제 눈을 자신 있게 보며 "선생님도 오늘 수고하셨습니다. 감사합니다" 하고 인사하는 아이들이 대부분입니다.

그러다가 제 눈을 피하고, 눈이 붉어져 있고, 표정이 썩 좋지 않고, 낯빛도 안 좋은 아이가 가끔씩 보입니다. 이런 아이들은 잘 기억해 놓았다가 저녁에 전화를 합니다.

"○○아~ 담임이야. 집에 잘 들어갔니? 오늘 ○○이 하교할 때 보니까 표정이 별로 안 좋아 보여서 연락했어. 무슨 일 있니?"

그러면 거의 99% 예상이 맞아떨어집니다. 그 아이의 평상시 성격과 하교할 때의 표정을 알고 있기 때문입니다. 아이들은 무슨 일이 있으면 낯빛이 변하고 들킬까 봐 제 눈을 피합니다. 그러면 보통은 울먹이며 이런 답이 돌아옵니다.

"딴 게 아니라요, 친구랑 싸웠어요."

"친구 무리가 있는데 이상하게 저만 빼고 지네들끼리만 놀아요. 왕따 된 거 같아요. 힘들어요. 어떻게 해야 할지 모르겠어요."

"어떤 선생님한테 많이 혼났는데, 억울해서요."

이때는 아이들과 통화하면서 차분하게 들어 주면 됩니다. 아이들의 말을 들어 줄 귀와 따뜻한 위로의 말이 필요합니다. 자기의 아픈 마음을 달래 주고 알아주는 제가 좋아서인지, 아이들이 먼저 "선생님 따라 교회 한 번 가도 돼요?"라고 말하는 아이들이 상당히 많습니다.

언젠가 하이파이브를 하고 이름을 부르며 인사하는데, 서로 크게 웃었던 적이 있습니다. 아이들이 한 줄로 서서 교실 문을 나서고 있는데 덩치 큰 아이가 제 앞에 서서 이렇게 말했습니다.

"선생님요, 저 오늘 진짜 열심히 공부해서 머리에서 김이 나요. 수고했으니까 한 번만 안아 주세요."

저는 덩치가 산만 한 남학생이 그러기에 "에이~ 왜 그래? 남자끼리 쑥스럽게~"했습니다. 그러자 아이가 다시 말했습니다.

"아~ 진짜 한 번 안아 주세요. 안 안아 주시면 저 안 비킬 거예요."

그러니까 뒤에 있는 아이들이 한목소리로 말했습니다.

"선생님, 스쿨버스 타고 집에 가야 돼요. 걔 그냥 한 번 안아 주고 끝내세요. 고만 집에 빨리 갑시다."

하도 성화를 부리니 어쩔 수 없어서 안아 주었습니다. 덩치가 산만 한 아이가 덩치가 작고 키도 작은 저에게 엉거주춤 안기는 모습이 얼마나 웃겼던지 여기저기서 막 웃는 소리가 들렸습니다. 그 뒤에 연이어 나온 아이들은 우스웠던지 웃음을 참지 못한 채 저랑 하이파이브를 하고 지나갔습니다.

그러다가 또 뒤에 있던 덩치 좋은 한 남학생이 제게 말했습니다.

"선생님도 오늘 수고 많이 하셨지요?"

"응, 당연하지. 내 에너지 100 중에서 99를 여기에 다 쏟아붓고 간다. 쌤은 집에 운전하고 갈 힘밖에 안 남았다."

그렇게 말하니까 아이가 두 팔을 활짝 벌리고는 이렇게 말하는 것이 아닙니까?

"자~! 수고한 병호 쌤, 저에게 오세요. 자~ 태평양같이 넓은 제 가슴에 들어와 안기세요~! 자~! 컴온, 컴온! 드루와~ 드루와~!"

그 모습을 보고 아이들도 웃고 저도 하도 웃기기에, "야~ 왜 이래? 고만해라. 고만하고 이제 가자~!" 하니까 아이가 또 이렇게 말했습니다.

"저한테 쌤이 안 안기면 저도 안 비킬 거예요~!"

아이들이 또 "선생님, 그냥 한 번 안기고 끝내요. 차 타고 집에 갑시다"라고 웃으며 소리를 질렀습니다. 마지못해서 쑥스럽게 안기니까 그 힘 좋은 아이가 저를 번쩍 안아 들고는 위아래로 흔들었습니다. 그 모습이 재밌어 보였던지 아이들이 또 한 번 크게 웃었습니다. 하도 저를 인형처럼 흔들어서 조금 어지러웠을 뿐 저도 기분 좋고 재미있었습니다.

마지막으로 뒤따라 나온 여학생이 이 광경이 재미있었나 봅니다. 제 앞에 오더니, "어~ 선생님, 이거 되게 재밌어 보이네요. 자~ 저한테도 오세요, 자~" 하며 두 팔을 활짝 펼쳤습니다. 저는 사실 살짝 당황스러웠지만 전혀 그렇지 않은 듯이 씩 웃으며 하이파이브를 힘차게 하며 말했습니다.

"안 돼, 요 녀석아~! 너한테 안기면 범죄야. 지킬 건 지켜야지~."

그랬더니 그 여학생이 "아~ 이거 남녀 차별이에요" 하며 생떼를 썼습니다.

저는 이 모든 모습이 그저 재밌고, 신나고, 행복합니다. 이렇게 좋은 아이들과 함께라서 정말 감사합니다. 제 품에 안기길 원했던 남학생, 저를 안아 들어 올렸던 남학생, 남녀 차별이라고 귀엽게 앙탈 부리던 여학생 등 모두 저와 함께 교회를 나가게 되어 예수님을 잘 믿고, 성경 공부도 열심히 하고 있습니다. 천사 같은 학생들과 이렇게 아름다운 관계로 엮어 주신 하나님께 감사드리고, 또 감사드립니다.

옳은 말 NO!
좋아하는 선생님 말 OK!

참 신기하고 재미있는 광경을 목격한 적이 있습니다. 드라마 〈태양의 후예〉가 한창 인기일 때 한 무리의 여학생들이 어떤 선생님을 향해 큰 소리를 지르며 "와~! 우리 학교 송중기 선생님!" 하며 막 따라다닌 적이 있습니다. 학교 드라마에서나 볼 수 있는 훈훈한 장면 같아 보기 좋았습니다. 그런데 아이들이 하도 많이 따라다니고, 심지어 선생님이 화장실에 들어가려는데 화장실 입구까지 따라다니자 선생님이 아이들에게 "조용히 하고 그만 안 따라와! 이제 그만 가라고, 가~!"라고 호통을 치는 것입니다.

저는 깜짝 놀랐습니다. 너무 세게 말해서 혹시라도 아이들이 상처받지 않을까 내심 놀랐는데, 아이들의 반응에 더 놀랐습니다.

"와~! 송중기 선생님이 우리 보고 가 있으래~ 히히! 네, 그럼 저희 소녀들 이만 가겠사옵니다. 좀 이따 다시 올게요."

그러면서 막 웃으며 교실로 돌아가는 것이 아닙니까! 그 모습을 보며 진짜 그 선생님이 대단하다는 생각이 들었습니다. 얼마나 학생들이 선생님을 신뢰하고, 학생과 선생님으로서 좋은 관계가 형성되었기에 저런 장난도 칠 수 있는지…. 참 유쾌한 장면으로 오랫동안 머릿속에 남아 있습니다.

제가 교사가 된 첫해, 우리 학교 교목이신 존경하는 전영헌 목사님이 제게 해 주신 말씀이 있습니다.

"최 선생, 아이들은 옳은 말, 바른말을 하는 교사의 말을 듣는 것이 아니라 자기가 좋아하는 교사의 말을 듣는다네."

저는 처음에는 그 말뜻을 잘 이해하지 못했지만 교사 11년 차가 되고 난 지금은 '정말 그 말씀이 맞구나'라고 생각하고 있습니다.

학교에는 일처리를 완벽하게 하는 엘리트 선생님들이 있습니다. 빈틈이 보이지 않습니다. 무슨 일이든 턱턱 처리하고, 경험도 있다 보니 모든 게 다 완벽해 보입니다. 보통 선생님들은 시험 원안을 기한에 맞추어 제출하는데, 그들은 날짜보다 훨씬 전에 제출해 아직까지 시험 출제를 하고 있는 선생님들의 부러움을 받습니다. 고등학교도, 대학교도 소위 엘리트 코스만 밟고 온 분이고, 학창 시절에도 완전 모범 그 자체였을 것 같아 보이는 선생님들입니다. 옆에서 같은 교사로서 그분들을 보고 있노라면 그저 부럽기 그지없습니다. 저도 더 노력해서 하루빨리 그 선생님들처럼 엘리트 교사가 되어야겠다고 다짐합니다.

그런데 이렇게 완벽한 선생님들 중에 간혹 옳은 말씀으로 아이들을 지도하는데도 아이들의 반항심이 더 커지고, 관계가 껄끄러워지는 경우를 몇 번 봤습니다. 교사인 제가 옆에서 보면 틀린 말씀이 하나도 없는데, '왜 그렇지?' 하고 한번 생각해 본 적이 있습니다. 나중에서야 아이들이 하는 말에서 그 이유를 알게 되었습니다.

아이들은 엘리트 선생님이 항상 "학교에서는 이렇게 해야 하고, 저런 일은 하면 안 된다"라고 말씀하시는데, 자신들도 그것이 옳고 바른 말씀인 것은 알겠다고 했습니다. 그런데 학교 규율에 어긋난 행동을 했을 때 너무 뭐라고만 하신다는 것입니다. 선생님이 학창 시절에 워낙 모범적이어서 교칙을 어기는 자신들을 더 이해하지 못하시는 것 같다며, 잘못된 행동을 고치고 싶은 마음이 더 사라진다는 것이었습니다.

저도 그들과 다르지 않은 것 같아서 순간 뜨끔했습니다. 우리 아버지는 조선 시대 선비 같은 분이십니다. 항상 일찍 주무시고, 새벽에 일어나 책을 읽으시고, 아들딸에게 말씀해 주실 글을 적으십니다. 옆에서 보면 우리 아버지이지만 정말 대단하십니다. '어찌 비가 오나 눈이 오나 한결같으실까?' 하는 생각이 들고 존경스럽습니다.

하지만 존경하는 마음은 변함이 없는데, 아들인 저로서는 조금 힘들고 버거운 면도 있습니다. 아버지가 할아버지의 말씀에 거의 100% 순종하셨기에 지금까지도 제가 항상 부족하게 느껴지는 부분입니다. 저 스스로는 정말 열심히 했고 잘했다 싶은데 아버지가 보기에는 60%밖에 되지 않는다며 한참 훈계를 들어야 했습니다. 저는 아버지의 기준이 너무 높다고 생각했습니다.

그리고 항상 "옳다" "그르다" "이건 반드시 해야 하고, 저건 정말 하면 안 되는 일이다"라고 교육받아 왔기에 제게도 아버지의 모습이 몸에 배어 있습니다. 또 교사라는 직업이 이런 말들을 할 수밖에 없는 위치이기도 합니다. 문제는 저도 아버지처럼 똑같이 아이들에게 하고 있었다는 사실입니다. 하지만 아이들은 옳은 말을 듣고 변하지 않습니다.

아이들은 정말 자신이 좋아하는 선생님의 말을 듣습니다. 그것도 아주 잘 듣습니다. 진짜 아이들이 옳은 길, 바른길을 가기 원한다면 먼저 좋은 관계를 유지하고 신뢰를 쌓아서 좋아하는 선생님이 되어야 합니다. 오래 지속되고 계속 쓸 수 있는 건전지가 최고의 건전지인 것처럼, 지속적으로 아이들을 잘 가르치려면 아이들과의 관계가 정말 좋아야 하고, 아이들이 좋아하는 교사가 되어야 합니다. 저는 오늘도 이 다짐을 하며 최선의 노력을 다하려고 합니다.

소중한 점심시간

아이들에게 점심시간처럼 반가운 시간이 또 어디 있을까 싶습니다. 교사들에게도 더없이 즐겁고 행복한 시간입니다. 이때 아이들이 좋아하는 친구들과 같이 밥을 먹고 신나게 웃고 떠들 듯이 교사들도 마찬가지입니다. 맛있게 밥을 먹으면서 오전에 있었던 수업 시간에 대한 이야기도 하고 즐겁게 담소를 나눕니다. 잘한 일에 대해 서로 칭찬하고 힘들었던 점은 서로 위로하며 격려해 주는 시간입니다. 저는 점심시간 50분 중에 30분을 이렇게 선생님들과 식사하고 교제하며 행복하게 보냅니다. 그리고 나머지 20분은 아이들과 성경 공부와 기도회를 합니다.

수요일 점심시간에는 '수요 찬양'을 하고 월, 화, 목, 금요일에는 아이들에게 말씀을 가르치고 기도를 합니다. 같은 과 아이들끼리 묶기도 하고 교회 안 다니는 아이들, 초신자들, 신앙생활 잘하는 아이들로 묶기도 합니다. 이처럼 공통분모가 있게끔 묶어서 20분이라는 짧은 시간을 굵게 사용해 말씀을 가르치고 배운 말씀을 가지고 기도로 마무리합니다. 때로 회의가 있거나 행사가 잡혀서 모임을 못하는 날은 아이들이 먼저 아쉬워합니다.

"아~ 저 점심 모임 시간에 나누고 싶은 거 있었는데 아쉬워요. 대신 다음 주에 꼭 모여요."

솔직히 말하면 제가 점심시간 성경 모임과 기도회를 하자고 먼저 추진한 것이 아닙니다. 처음에는 저도 식사하고 남은 점심시간만큼은 편안하게 쉬거나 다음 수업 준비를 하거나 일을 하고 싶었습니다. 그런데 아이들이 궁금한 것을 쉬는 시간에 물으러 오거나 신앙 상담을 주기적으로 하는 아이가 있어서 점심시간을 이용하게 된 것입니다. 학교를 마치면 모두 스쿨버스를 타고 집이나 학원에 가기 때문에 점심시간밖에 모일 시간이 없습니다.

이렇게 해서 모이기 시작한 점심 성경 공부와 기도회 시간 20분은 굉장한 일이 일어나는 시간이 되었습니다. 오히려 지금은 저의 에너지 충전 시간입니다. 시작하기 전에는 몰랐지만 하고 나니 정말 귀한 시간이 된 것입니다. 이 모임에는 친구들과 노는 것을 접고, 말씀을 배우고 기도하며 하나님을 찾고자 갈망하는 아이들이 오기 때문에 정말 소중한 시간이 아닐 수 없습니다. 최대한 집중해서 꼭 필요한 말만 조리 있게 해야 합니다. 그리고 저만 이야기하는 것이 아니라 아이들이 깨달은 점을 나누기도 하고 질문을 받고 답해 주기도 합니다. 그리고 한 가지 기도 제목을 놓고 기도하거나 서로를 위해 중보 기도를 해 주기도 합니다.

이제는 점심시간 성경 공부와 기도회 시간이 더 체계화되었습니다. 원하는 교사들은 일주일에 1시간씩 교목 목사님께 성경을 배우게 되었습니다. 그렇게 배운 말씀을 잘 정리하고 마음에 새긴 다음에 약속된 요일 점심시간에 성경 공부를 원하는 아이들에게 가르치고 기도하게 된 것입니다. 이렇게 아름답고 소중한 점심시간을 보내게 해 주신 하나님께 감사를 올려 드립니다.

내 연약한 모습을
닮은 아이들

제게는 안 좋은 습관이 하나 있었습니다. 뭐 한 개만 있겠습니까? 진짜 여러 개 있는데, 그중 대표적인 것이 시간을 딱 맞추어서 가려는 것이었습니다. 제게 주어진 소중한 시간을 알차게 보내고 싶어서 무언가를 하다가 시간에 맞춰 출발합니다. 그런데 언제나 계획대로 도착할 수는 없습니다. 열 번 중에 한 번은 차가 막힌다거나 뭐가 하나 빠져서 준비하거나 급한 일이 생겨서 제시간보다 약간씩 늦는 경우가 생기곤 했습니다. 몇 번을 고치려고 해도 잘 안 되었습니다.

'언제부터 이런 습관이 생긴 것일까?'

생각해 보니 초등학교 1학년 때부터였습니다. 집 근처에 있는 초등학교와 중학교에 다녔기에 등교 시간에 딱 맞추어 나가다 보니 생긴 습관이었습니다. 지각은 잘 안 했지만 학교 근처에 가서는 뛰어서 들어갔던 것 같습니다. 고등학교는 스쿨버스를 타고 다녔는데, 스쿨버스도 뛰어가서 타곤 했습니다.

'준비하는 시간이 늦고 굼떠서도 아닌데 왜 이럴까? 나는 왜 이렇게 늘 힘들게 뛸까?'

이런 일이 몇 번이나 반복되자 그런 제가 싫어지기도 했습니다. 대학교에 다닐 때도 수업 시간에 딱 맞추어서 도착하거나 5분 정도 늦었던 것 같습니다. 학교 교사가 되어서도 마찬가지였습니다. 아침 8시까지 등교해야 했는데 딱 맞추어서 오는 것이 습관이 되어 버렸습니다. 월요일에는 차가 좀 막히니 늦는 경우도 생겼습니다. 늦게 일어나는 것도 아니고, 새벽에 일찍 일어나 기도하고, 성경 읽고, 큐티 하는 저인데 말입니다. 이처럼 시간을 딱 맞추어서 준비하고, 딱 맞게 출발하는 참 고치기 힘든 습관이 저를 힘들게 했습니다.

시작을 늦게 하니 마음의 여유가 생길 수 없었습니다. 차분하게 자리를 정돈하고 시작해야 하는 일을 후다닥하니까 한두 가지 빠뜨리는 경우도 생겼습니다. 그럴 때면 영화가 이미 시작되고 중요한 앞부분을 놓친 채 자리에 앉는 느낌이 들었습니다. 더 이상은 안 되겠다 싶었습니다.

가장 먼저, 제 인식의 변화가 필요하다는 사실을 깨닫게 되었습니다. 그래서 30분에서 1시간 정도 일찍 도착하는 것이 유익하다고 스스로 계속 생각했습니다. 이후 그것을 목표로 삼고 1시간 일찍 출발 준비를 했습니다. 처음에는 너무 어색했습니다. 느릿느릿 준비하는 제 모습이 싫기도 했지만 무조건 30분에서 1시간 일찍 도착하도록 준비했습니다.

학교 교무실에 맨 마지막에 들어가는 사람이 저였는데, 교무실 문을 열쇠로 열고 들어가 불을 켜고 자리에 앉아 기도하고 하루를 시작하니 참 기뻤습니다. 남보다 먼저 와서 기쁜 것이 아니라 하루의 시작을 여유롭고 차분하게 할 수 있어서 감사했습니다. 그만큼 저를 돌아보는 시간이 많아졌고, 미리 점검하고 준비할 수 있는 시간이 생겨서 좋았습니다. 친해도 자리가 멀어서 하루에 한 번도 마주치기 힘들었던 선생님이 교무실에 들어오실 때 반갑게 인사할 수 있는 것도 참 좋았습니다.

요즘에는 제 삶에 30분에서 1시간 정도의 여유가 생긴 것 같아 정말 즐겁습니다. 진작 이 기쁨을 느꼈다면 좋았을 텐데…. 이왕 깨달았으니 앞으로 더 이 여유로움과 즐거움을 느끼려고 합니다.

지금 우리 학급에는 단골로 지각하는 학생이 3명 있습니다. 1명은 집이 조금 멀리 있고, 2명은 학교 기숙사에 있습니다.

"학교 기숙사에 있는 녀석들이 왜 이렇게 매일 늦어?"

저는 그 아이들에게 이렇게 화내고 소리치지 않습니다. 왜냐하면 제시간에 오는 것이 얼마나 힘든지 누구보다 잘 알기 때문입니다. 저는 아이들에게 제 이야기를 해 주며 잘 타이르곤 합니다.

그 아이들은 매번 지각하다 보니 담임인 저와 이야기를 많이 나누게 되었습니다. 그렇다 보니 정이 들었고, 우리 반 어느 학생보다 가장 먼저 친해졌습니다. 지각해서 복도에서 '앉아 일어났다'도 여러 번 하지만, 험악한 분위기가 아니라 서로 웃으면서 힘들게 벌을 받고 있습니다. 매일 지각해서 저와 사이가 멀어진 것이 아니라, 오히려 더 끈끈해진 것 같습니다. 지각해서 머리를 긁적이고 씩 웃으며 들어오는 모습도 예쁘지만, 등교 시간보다 먼저 와서 제가 느꼈던 여유로운 시작의 기쁨을 이 아이들도 느꼈으면 좋겠습니다.

저라고 처음부터 지각하는 아이들에게 관대했던 것은 아닙니다. 예전에는 매일 지각하는 학생들에게 잔소리를 하고 벌을 주어서 사이가 안 좋았습니다. 하지만 어느 순간 깨달았습니다. 잘못한 학생들을 지도한다고 해서 반드시 사이가 나빠지는 법은 없다는 것을 말입니다. 매일 지각해서 미안했던지 제게 더 친밀하게 다가오는 아이들도 마찬가지입니다. 부족하니까 아이들이고, 부족한 부분을 잘 지도해서 수정해 주라고 교사가 있는 것이 아닌가 하는 생각이 듭니다. 그리고 오늘도 저는 그 아이들에게 차례로 모닝콜을 할 것입니다. 전화를 받고는 "일어났어요" 하고 다시 자니까 발밑 멀리 떨어진 곳에 두라고 조언했는데, 오늘은 꼭 모닝콜을 받고 일찍 준비해서 등교 시간 안에 왔으면 좋겠습니다.

지각 대장의
전도 이야기

우리 반에 매일 지각하는 아이가 있었습니다. 어린아이에게 하듯이 어르기도 하고, 달래기도 하고, 따뜻한 말로 타이르기도 하고, 매일 아침 모닝콜을 해서 깨워 주기도 했습니다. 하지만 그래도 계속 지각해서 벌 청소도 시키고 크게 야단치기도 한 아이였습니다.

그렇다고 나쁜 학생이었냐, 그것은 아니었습니다. 얼마나 예의 바르고, 착하고, 심성이 고운 학생인지 모릅니다. 단지 아침잠이 많아서 지각하는 것 말고는 흠잡을 데 없이 좋은 아이인데, 담임으로서 안타까웠습니다. 지각은 지각이니까 그것에 대해서 혼내는 것 말고는 정말 친하게 잘 지냈습니다. 아이는 자신에게 따뜻하게 대해 주고 친근하게 장난도 치며 끝까지 자기를 포기하지 않는 담임인 제게 고맙고, 매일 지각해서 실망시켜 드려서 죄송하다고 했습니다.

저도 일부러 학교에 늦게 오거나 학교에 오기 싫어서 매일 늦는 것이었다면 아이가 조금은 싫었을 텐데, 일찍 자든 늦게 자든 아침잠이 너무 많아서 습관으로 굳어져 자신도 진짜 힘들어하는 아이인데, 어찌하겠습니까? 아이는 중학생 때부터 아침잠이 많아서 지각 대장이었다고 합니다. 중학교 선생님이 자기한테 두 손, 두 발 다 들었다고 했습니다. 저는 이 아이가 지긋지긋한 지각의 굴레에서 얼마나 벗어나고 싶어 하는지 알기에 따뜻한 마음으로 도와주고 싶었습니다.

이 학생을 고 2, 고 3 연속으로 담임을 맡게 되었습니다. 특히 고 3은 중요하고 예민한 시기이기에 더욱 신경 써서 지각하지 않도록 같이 방안을 강구하는 등 노력했습니다. 그랬더니 지각이 잦아들었습니다. 매일 밥 먹듯 하던 지각이 일주일에 한 번으로 줄었고, 나중에는 한 달에 한 번으로 줄더니 마침내 지각을 모르고 사는 학생이 되었습니다.

지각하는 아이에게 담임으로서 혼내고 벌을 주어서 둘 사이가 가장 멀어졌을 법도 한데, 오히려 이 아이와 가장 먼저 친해졌습니다. 저는 아이에게 "지각 때문에 하도 이 얘기, 저 얘기 많이 하다 보니 정이 들었나 보다" 했습니다. 그리고 어느덧 둘이 이야기하다 보면 웃음꽃이 피었습니다.

아이가 고마웠던지 저를 따라 교회에 오겠다고 했습니다. 무척 기쁘고 고마웠습니다. 물론 교회에 온다고 좋아하고, 안 온다고 싫어하지는 않습니다. 교회를 다닌다고 잘해 주고, 안 다닌다고 못해 주는 것도 절대 아닙니다. 오히려 교회 안 다니는 학생들에게 더 잘해 주려고 노력합니다.

이 아이가 교회에 올 때도 사실 너무 힘들었습니다. 집이 교회에서 멀어서 태우러 갔는데 제시간에 나오지 않는 것입니다. 11시에 고등부 예배가 시작되기에 늦어도 10시에는 만나서 가야 하는데, 도통 아침에 잘 못 일어나기에 골목에 차를 대고 기다리는 일이 허다했었습니다. 30분 넘게 기다리기도 했습니다. 미리 아침에 전화해서 깨워 주었는데, 일어났다고 하고는 다시 잠들어 버린 것이었습니다.

또 여학생들은 준비하는 데 시간이 오래 걸립니다. 그것까지 감안해서 일찍 깨워 주었는데도 늦는 것입니다. 지각하고, 늦장 부리고, 제시간을 맞추지 못하는 것이 안 좋은 습관으로 굳어 버린 것 같아 안타까웠습니다.

이렇게 2년 동안 교회도 힘들게 다니더니 나중에는 점점 준비하는 시간이 줄어들었고, 시간도 잘 맞추더니 학교에서 지각을 안 하게 된 것처럼 교회도 지각하지 않고 스스로 다니게 되었습니다. 진짜 저는 이 학생이 어떤 학생인지 알기에 지각 안 하고 학교와 교회에 오는 것이 기적 중에 기적 같았습니다.

아이는 대학생이 된 뒤에도 자신이 지각하고 늦장 부렸던 것이 후회되고 안타까워서 학교에 일찍 다녔습니다. 그리고 정말 열심히 공부하고, 교회도 잘 다니며 신앙생활도 열심히 했습니다. 놀라운 것은 대학 가서 학년 과 대표가 되더니 1학년 1학기 때 과 차석을 해서 등록금을 반값만 냈습니다! 제가 2학기 때는 꼭 과 수석을 해서 등록금 0원을 내라고, 그것이 가장 효도하는 일이라고 말하며 독려했는데 진짜 2학기 때 과 수석을 해 버렸습니다. 놀라웠습니다. 저는 그렇게 되라고 힘을 북돋아 주고 기도했을 뿐인데, 아이는 정말 열심히 노력해서 그 힘든 일을 해 낸 것입니다.

대학교 2학년 때인가 자신의 삶에 가장 긍정적인 영향을 끼친 존경하는 분을 인터뷰하는 과제가 있었는데, 저를 찾아왔습니다. 많이 부끄러웠지만 감사하는 마음으로 성심성의껏 영상 촬영을 했던 기억이 있습니다.

아이는 교회도 잘 다니고, 신앙생활도 잘하더니 부리더였다가 리더가 되었고, 지금은 부목자를 하다가 대학부에서 한 팀을 대표하는 목자가 되었습니다. 얼마나 신실하고 아이들을 따뜻하게 잘 챙기는지 모릅니다. 저는 고등학교를 졸업하는 우리 학교 아이들에게 신앙의 모범으로 이 아이를 소개시켜 주고, 이 아이가 있는 팀에 연계해 줍니다.

이 학생이 고 3일 때 저를 전도하신 이정화 전도사님(지금은 목사님)이 브니엘예술고등학교 교목으로 계셨습니다. 교목실에 전도사님과 저와 이 학생과 이 학생이 전도한 친구까지 4명이 모여 앉은 적이 있습니다. 복음이 전도사님에게서 제게로, 저에게서 이 학생에게로, 이 학생에게서 다른 친구에게로 흘러간 것을 보면서 하나님께 영광과 찬양을 올려 드리고 감사 기도를 드렸던 가슴 벅찬 기억이 아직도 생생합니다.

이 학생은 저를 만날 때마다 이렇게 말합니다.

"선생님, 학창 시절에 선생님이 저더러 지각만 한다고 뭐라고 하시고, 사랑으로 따뜻하게 대해 주고 품어 주지 않으셨더라면 지금과 같은 저는 못 되었을 거예요. 감사합니다."

이 학생은 과 수석을 계속 했고, 예비 교사가 되어 모교인 우리 학교 교생으로 오게 되었습니다. 마침 우리 반에 배정되어서 아이들에게 선한 영향력을 끼치며 정말 멋진 교생 생활을 하고 갔습니다.

이 학생이 대학생 때 제게 전해 준 편지가 있습니다. 볼 때마다 감격스럽고 정말 감사합니다. 제가 간직하고 한 번씩 읽어 보는 편지라 일부분만 소개합니다.

> 선생님~ (하트)
>
> 저 ㅇㅇ이에요! ^_^
>
> 학생 시절에 교복 입고 학교 다니던 모습이 아직도 생생한데 어느덧 대학생이 되어 다시 찾아뵙게 되어서 감회가 새로워요. 선생님을 만나게 되어서 하나님을 믿게 되었고, 이렇게 제 삶이 변화되어 다시 누군가에게 복음을 전하는 하루하루가 정말 감사해요. 저는 선생님과 같이 복음을 전하는 교사가 되고 싶어요. 하나님이 선생님을 통해 저를 변화시키셨듯이 하나님이 저를 통해 많은 학생을 변화시켜 주실 거라 믿습니다. 선생님, 저에게 복음을 전해 주셔서 정말 감사합니다.

훌륭한 동역자가 되어 돌아온 이 학생은 이제 정말로 저의 소중한 제자이자 친구가 되었습니다. 또 제가 도움을 주기보다 제자에게 도움을 받는 일이 더 많아진 것 같습니다. 이렇게 믿음의 선배로 잘 자라 준 우리 제자에게 감사하고, 하나님께 더 큰 영광과 찬양과 감사를 올려 드립니다.

선생님,
이단 만났어요

아이들 중에 한 번씩 찾아와 "선생님, 이단 만났어요. 어떻게 해요?"라고 말하는 아이들이 있습니다. 단순하게 접근하기에 이상하고 무서워서 피했다는 아이들에게 저는 잘했다고 칭찬해 줍니다. 그나마 이단이라는 사실을 알고 있는 경우는 피할 수 있으니 다행이지만, 이단인지도 모르고 따라가서 교육까지 받은 아이들의 경우에는 큰일이 난 것입니다. 이단에게 연락처까지 주고 며칠째 연락을 한 상태로 제게 오는 아이도 있습니다.

그래도 감사한 것은 선생님인 우리를 믿고 그간의 일을 말해 준다는 것입니다. 말하지 않으면 교사들은 아예 모를 것이고, 그렇게 이단에서 잘못된 교리를 계속 배우면 푹 빠져 버려서 나중에 헤어 나오기 힘들 수 있기 때문입니다. 교사들에게 와서 일단 말을 한다는 것은 뭔가 이상한 점을 감지했다는 뜻입니다. 자기 딴에는 뭔가 찜찜한 부분을 발견한 것입니다. 아니면 진짜 진리를 발견했다고 자랑하러 오는 경우도 봤습니다. 이렇든 저렇든 말해 주었다는 사실에 감사하며 후속 조치를 취합니다.

아이들의 이야기를 들어 보면, 성탄절을 부정하고, 하나님 아버지 말고 어머니가 있다고 주장하거나, 특정인이 재림 예수라고 하거나, 토요일에 예배를 드려야 한다는 등 무슨 이단을 만났는지 쉽게 알 수 있습니다.

이때는 일단 왜 따라가서 말씀을 배웠느냐고, 왜 연락처까지 주었느냐고 큰소리치며 야단부터 치지 않는 것이 중요합니다. 야단치면 아이가 마음의 문을 닫아 버리기 때문입니다. 이단을 따라갔지만 선생님을 믿고 말해 주어서 고맙다는 말을 먼저 하고, 그다음부터 그곳은 이단인데 왜 이단인지를 성경을 펼쳐 놓고 가르쳐 주는 일이 중요합니다.

"특정인이 재림 예수라고 배웠다고 했는데, 그래, 좋아, 알겠다. 선생님 폰에 성경을 다운받아 놓았는데 그 사람 이름을 검색해서 한 구절이라도 검색되면 그 사람을 믿어도 좋아. 하지만 성경에 나와 있지도 않다면 그 사람은 가짜라고 보면 되는 거다, 그치? (진짜 검색해서 그 사람의 이름이 성경 어디에도 나오지 않음을 보여 줍니다.) 봤지? 성경 어디에도 안 나오는 거 확인했지? 성경에 안 나와 있어서 성경이 아닌 자기들만의 교재에 그 사람의 이름을 넣었을 것이고, 그 교재를 너에게 보여 준 거야."

제가 할 수 있는 일은 최선을 다한 뒤 아이에게 정말 깨닫고 다시는 안 가겠다는 약속을 받아 내는 것입니다. 그리고 연락처를 바꾸거나 혹시 이단 측에서 연락이 오면 절대 받지 않도록 수신 거부를 해 놓고, 당분간 모르는 번호는 절대 받지 말라고 조언해 줍니다. 그들은 아이들이 전화를 받아서 어설프게 상대할 수 있는 수준이 아니기에 꼭 그렇게 하겠다는 약속을 받아 냅니다.

여기서 그치면 안 되고, 연락이 오는데 어떻게 하고 있는지, 무슨 해코지를 당하거나, 그들이 학교나 학원, 집으로 찾아오지는 않는지, 교회에 다니는 아이였다면 주일날 교회에 잘 가고 있는지, 신앙생활은 잘하고 있는지 반드시 확인해야 합니다. 아이들은 금세 또 잘못된 길로 갈 수 있기 때문입니다.

이렇게 어느 정도 시간이 지나면 나중에 찾아와서 이렇게 고백하는 아이들이 생겼습니다.

"와~! 선생님, 그때 제가 그 이단 만나서 계속 교육받고 빠졌더라면 인생 망칠 뻔했는데, 선생님한테 얘기 잘한 것 같아요. 지금 생각하니까 막 소름 돋아요. 다시는 그런 데 안 빠지고 좋은 교회 가서 예수님 잘 믿을게요."

얼마나 감사하고, 또 감사한지 모릅니다. 저는 우리 아이들을 위해 오늘도 하나님께 간절히 간구합니다.

"오, 하나님! 우리 학교 아이들 중에 정말 단 한 사람도 이단에 빠지지 않게 하시고, 예수님을 잘 믿고, 옳은 진리를 가르치는 좋은 교회에서 신앙생활 잘할 수 있도록 눈동자처럼 보호해 주세요. 분별할 수 있는 지혜를 주세요. 예수 그리스도의 이름으로 기도드리옵나이다. 아멘."

천사 같은
아이들의 봉사

우리 학교만의 가장 큰 자랑거리 중 하나는 '홀로 어르신 돕기'입니다. 성탄절 시즌이 되면 지역에 사시는 홀로 어르신들을 위해 전교생이 자발적으로 모금을 합니다. 그리고 구청에 협조를 구해 모인 성

금액에 따라 홀로 어르신 150-200분 정도를 선정해 달라고 요청합니다. 그 목록을 성금이 모인 정도에 따라 4개 학교(브니엘고등학교, 브니엘여자고등학교, 브니엘예술고등학교, 브니엘예술중학교)에 다시 배정한 후 아이들이 직접 어르신 댁을 방문하는 행사입니다.

보통 2-3명의 아이들이 한 분의 어르신을 방문하는데, 5만 원의 성금을 전달하고 맛있는 카스테라를 선물로 드리며 2-3시간 동안 어르신들의 말벗이 되어 드립니다. 어깨, 팔, 다리도 주물러 드리고 손톱도 깎아 드립니다. 집 안 청소도 해 드리고 힘쓰는 일이 있으면 모두 아이들이 해결해 드립니다. 어르신들이 소싯적에 잘나갔다는 무용담을 말씀하시면 맞장구를 치며 끝까지 귀 기울여 들어 드리기도 합니다. 이 일은 어르신들이 가장 좋아하는 것이기도 합니다.

한 어르신은 아이들이 바쁜데 누추한 곳까지 왔다며 손수 라면을 끓여 주시기도 하고, 직접 차려 놓은 밥이나 간식을 주기도 하십니다. 그러면 아이들은 감사하고 기쁜 마음으로 맛있게 먹고 옵니다.

특히 브니엘예술고등학교에는 예술적 재능이 남다른 아이들이 많습니다. 미술과 아이들은 할아버지, 할머니의 얼굴을 보고 그림을 그려서 선물로 드리고 오기도 합니다. 음악과 아이들은 어르신 앞에서 멋지게 연주하고 노래를 불러 드리고 옵니다. 무용과 아이들은 어깨춤과 웃음이 절로 나오는 춤을 멋지게 추고 오기도 합니다. 그렇게 어르신과 이야기를 나누다 보면 시간이 순식간에 지나갑니다. 아쉽지만 어르신과 이별한 후 점심때쯤 모두 학교로 돌아옵니다.

학교에 오면 어르신 댁을 방문한 소감문을 작성합니다. 어르신의 건강 상태가 어떠한지, 주거 환경은 어떠한지, 파손된 물건이 있는지, 어르신과 어떻게 시간을 보냈는지를 다 적습니다. 적으면서 아이들은 종종 울기도 합니다. 어르신 앞에서는 미처 울지 못했지만, 글을 적는 동안 그분들이 사시는 월세방과 깊은 주름과 꺼칠꺼칠한 손이 다시금 떠올라서 그렇습니다.

소감문을 읽어 보면, 이번 행사뿐 아니라 어르신이 도움을 필요로 하실 때 기꺼이 가서 돕겠다는 고백이 대부분을 이룹니다. 특히 돈으로는 절대 살 수 없는 엄청난 경험을 하게 해 주어서 고맙다는 말을 연신 되풀이하곤 합니다.

이렇게 홀로 어르신 돕기에 참여한 우리 학교 학생 둘이 행사가 끝난 뒤에도 한 번씩 할아버지를 찾아뵈었습니다. 할아버지는 40대 때 하나밖에 없는 아들을 교통사고로 잃으셨습니다. 같이 살던 아내도 세상을 떠나서 혼자 심한 우울증을 앓고 사셨습니다. 아이들은 할아버지를 방문할 때마다 늘 밝게 싱글싱글 웃으면서 말벗이 되어 드리고, 청소도 해 드리며, 친손주처럼 따뜻하게 모셨습니다.

그러다가 교회에 초청 잔치가 있어 학생들이 "할아버지, 우리 교회에서 초청 잔치를 하는데 꼭 한 번 와 보세요"라고 권했고, 할아버지는 그 아이들을 따라 교회에 나오시게 되었습니다.

나중에 알게 된 사실인데, 70대 중반인 할아버지는 12-13세 때 부산 강서구에 있는 가덕도에서 사셨다고 합니다. 남동생이 2명 있는데, 어머니가 집안 형편이 어려워 두 동생과 함께 셋 모두를 고아원에 맡기셨습니다. 할아버지는 고아원에서 복음을 처음으로 듣게 되었습니다. 미군의 지원을 받게 되었는데, 문제는 못된 고아원 원장이 지원받은 물품들을 엄청나게 빼돌렸고, 자신들이 받은 물품들도 다시 빼앗아 갔던 것입니다. 돌 위에 가마니를 깔고 자고 나무하러 가는 등 이때 참 많은 서러움을 느끼셨습니다. 그때 들었던 복음을 60여 년간 잊고 지내다가 아이들을 통해 교회에 나오시게 되었고, 예수님을 제대로 영접하게 되신 것입니다.

주일마다 아이들의 부모님들이 할아버지를 모시러 갑니다. 감사하게도 몸이 편찮으신 할아버지를 차로 모시고 병원에 다니며 치료를 도와주기도 합니다.

할아버지의 유일한 혈육인 남동생이 한 분 살아 계셨는데, 그분은 폐암 말기셨고 집 밖으로 거동조차 할 수 없었습니다. 사정을 들은 학생들의 교회에서 기도하며 직접 방문해 돌보아 드렸습니다. 몸도 늘 깨끗이 씻어 드렸고, 병원에 모시고 가서 암 치료도 받게 도와 드렸습니다. 비록 병상에서 지내셨지만 할아버지의 동생분도 예수님을 영접하고 평안히 하늘나라에 가셨습니다.

복음의 위대한 사랑이 '홀로 어르신 돕기'라는 행사를 통해 아이들에게서 할아버지께 전해졌고, 더 나아가 교회 전체로 퍼져서 할아버지의 동생분에게까지 복음이 전해졌으며, 그분이 마지막 가시는 길이 평안하도록 도와줄 수 있었던 것입니다.

홀로 어르신들은 두 번째 혹은 세 번째 방문하는 아이들의 경우 전에 한 번 봤던 아이들이라며 더더욱 반겨 줍니다. 아이들과 멋진 포즈를 취해 같이 사진도 찍어 주십니다. 아이들은 열심히 청소도 해드립니다. 특히 고장 난 가전제품이 있으면 수리하거나 수리 센터에 맡겨 드리고, 폰 사용법을 친절히 가르쳐 드리고, 교체해야 할 부품이 있으면 새로 사 드리고 옵니다.

집 안에 쌓여 있는 쓰레기를 정리하다 보면 바퀴벌레가 나오기도 하고, 지네 같은 발이 수십 개 달린 정체불명의 벌레가 나오기도 합니다. 학교 교실에서는 조그마한 벌레 한 마리만 나와도 고래고래 소리를 지르며 의자 위로 뛰어 올라가고 책상을 밟고 뛰며 멀리 도망가던 녀석들이건만 어르신 댁에서는 더 징그러운 벌레를 봐도 순간 "컄" 하고 소리를 지를 뿐 전혀 도망가지 않습니다. 잠깐 숨을 고른 뒤에 다시금 열심히 쌓인 쓰레기들을 밖으로 끄집어냅니다.

이런 아이들의 모습을 보고 있노라면 세상에 천사가 따로 없는 것 같습니다. 날개만 안 달렸을 뿐 다들 천사처럼 아름다워 보입니다. 이렇게 봉사하러 오는 아이들 중에는 교회에 다니는 아이들도 있고, 교회에 전혀 다니지 않는 아이들도 있습니다.

제가 수고가 참 많다고 칭찬하니까 교회 다니는 아이들은 "예수님께 받은 셀 수 없는 사랑을 조금이나마 어르신께 나누어 드릴 수 있어서 감사해요"라고 고백했습니다. 교회 다니지 않는 친구들도 "선생님, 가슴속 깊이 뭔가 뭉클해지는 것 같아요"라고 말했습니다. 저는 아이들에게 이렇게 말해 주었습니다.

"너희들이 사랑을 많이 받고 자라서 이렇게 사랑을 나누어 줄 수 있는 거야. 너희를 사랑으로 길러 주신 부모님께 오늘 꼭 '감사합니다' 하고 말씀드리렴."

그리고 무엇보다 아직 예수님의 사랑을 경험해 보지 못한 친구들에게는 꼭 한 번 경험해 보기를 원한다고 축복하며 기도해 줍니다.

밉게 보면 잡초, 곱게 보면 꽃

좋은 관계를

유지하는 비결

아이들과 좋은 관계를 맺는 것은 정말 중요합니다. 또한 그만큼 중요한 일이 하나 더 있는데, 바로 아름다운 관계를 지속적으로 잘 유지하는 것입니다. 저와 학생 사이에 돈독하게 쌓인 관계가 깨지고 신뢰에 금이 가는 일이 생기면 정말 가슴이 아픕니다. 시간을 되돌릴 수 있는 힘이 있다면 이럴 때 꼭 사용하고 싶을 정도입니다. 그래서 내린 결론은 '어떻게든 관계가 깨지지 않게, 그간 쌓인 신뢰가 무너지지 않게 미리 예방하는 것이 가장 좋은 방법'이라는 것입니다.

학생과 교사인 저 사이에 갑자기 관계가 깨지고 서로 서먹해지는 순간이 있습니다. 대부분은 학생이 잘못해서 제가 훈계하거나 지도하는 과정에서 일어납니다. 훈계하는 과정에서 제가 화를 참지 못하고 큰 소리를 내거나, 아이의 이야기를 잘 듣지 않고, 그 상황이 닥친 것에 대해 다그치고 혼내기를 먼저 할 때입니다.

이런 일들이 주기적으로 반복될 때마다 제게도 문제가 있다는 것을 조금씩 인지하기 시작했습니다. '문제 학생을 지도하거나 아이의 잘못을 바로잡을 때는 아이들과 멀어질 수밖에 없는 것인가?' 하고 생각하다 보니 중학교 2학년 때의 담임선생님이 떠올랐습니다.

제가 기억하는 체육 선생님은 보통 무섭고, 소리를 잘 지르고, 학생들의 말을 잘 듣지 않았습니다. 그런데 체육을 가르치셨던 우리 담임선생님은 지각하거나 잘못했을 때 분명히 매로 아프게 때렸는데도 아이들이 기분 좋게 웃으면서 맞았던 기억이 납니다. 지도하고 혼을 내는 선생님도 웃으셨고, 맞는 우리도 웃었습니다. 만약 잘못한 일이 있으면 학생들은 두 손을 비비며 귀엽게 웃으면서 "선생님, 잘못했어요" 하며 봐주기를 바라는 애교 섞인 말을 하는 경우가 대부분이었습니다. 그러면 선생님은 여지없이 "요놈아, 약속은 약속이니까!" 하며 뒷목을 잡으셨습니다. 뒷목을 잡힌 아이는 벗어나려고 발버둥치거나 땅바닥에 붙기도 했습니다.

오히려 혼내는 과정에서 끈끈함이 생겼습니다. 잘못에 대한 훈계를 아이들과 가까워지고 친밀해지는 좋은 기회로 삼으신 것입니다.

그 선생님을 떠올리며 내린 결론은 '어떻게 훈계하느냐에 따라서 교사와 학생이 멀어지기도 하고, 반대로 정이 생기거나 훈훈함이 쌓일 수도 있다'라는 사실이었습니다. 저는 계속 고민했습니다.

'교사로서 아이를 혼내고 훈계해야 할 때가 분명히 있는데, 어떻게 하면 잘못을 뉘우칠 만큼의 벌을 주면서 관계는 오히려 더 돈독해질 수 있을까?'

담임선생님이 중2병에 걸려 있던 우리를 체육 선생님다운 포스로 짓누르지 않고 어떻게 화기애애한 분위기 속에서 훈계하셨는지를 곰곰이 떠올려 보았습니다.

첫째, 학생이 잘못하면 우선 학생의 이야기를 차분하게 다 들어주었습니다. 그래서 억울한 감정이 생기지 않게 했습니다.

둘째, 학생들과 세운 약속은 철저히 지켰습니다. 그리고 상황에 따라 융통성을 발휘했던 것 같습니다.

셋째, 교칙을 지키지 않거나 잘못한 일이 있어 혼날 때 절대로 화부터 내거나 소리를 지르지 않았습니다. 상황에 맞게끔 때로는 웃으면서 가벼운 말투로, 때로는 근엄한 목소리로 잘못한 상황을 차분히 설명해 주었습니다. 선생님의 말씀을 듣고 있으면 아이들도 차분해지면서 수긍할 수밖에 없었습니다.

넷째, 잘못한 만큼만 알맞게 혼을 내었습니다. 진짜 더도 말고 덜도 말고 말입니다. 선생님은 종종 웃으면서 잘못한 학생한테 물었습니다.

"○○이, 얼마나 혼날래?"

그럼 학생들은 대부분 웃으면서 자신이 잘못한 행동에 준해 "딱밤 한 대요" 이런 식으로 말했습니다. 그럼 선생님은 "알았다, 요놈아!" 하며 딱밤을 힘차게 날리셨습니다.

다섯째, 자기 잘못을 뉘우치고 반성하는 태도를 정말로 보이면 쿨하게 머리를 쓰다듬으면서 "앞으로 그러지 마라이~" 하며 용서해 주었습니다.

여섯째, 반대로 예의가 없거나 반성하는 태도가 보이지 않을 때는 정말로 엄하게 혼을 내었습니다. 물론 이때도 이성을 잃거나 큰소리치지는 않았습니다. 오히려 더 차분했고, 평소보다 약간 높이 올라간 목소리 톤에 약간의 무게감을 실은 말투로 훈계했습니다.

일곱째, 차별 없이 똑같이 혼냈습니다. 반장이나 부반장이라고, 공부 잘한다고 덜 혼내지 않았습니다.

여덟째, 혼내고 나서 의기소침해 있는 학생에게는 마음이 전달될 만큼 따뜻한 말투로 위로해 주었습니다.

아홉째, 혼낼 때는 절대로 인격적으로 상처 주는 이야기를 하지 않았습니다. 부모님에 관해 이야기한다든지, 그동안 어디서 이런 태도를 배웠냐는 등 인격 모독적인 발언은 한 번도 하지 않았습니다.

열째, 욕설이나 속어를 사용하지 않았습니다.

열한 번째, 체육 선생님으로서의 카리스마에 따뜻함이 더해져 '따뜻한 카리스마'를 소유했습니다. 그래서 아이들과 밀당을 굉장히 잘했습니다.

제가 직접 눈으로 보고 몸으로 경험한 중학교 2학년 때 담임선생님을 통해 아이들이 잘못했을 때 잘 지도하는 방법을 배울 수 있어서 감사합니다. 물론 선생님이 지도하신 방법이 정답이라고는 할 수 없습니다. 때론 선생님이 큰소리치며 혼내신 적도 있습니다. 학생의 감정을 먼저 읽고 감정 코칭을 하셨던 것도 아닙니다. 하지만 적어도 제가 경험한 선생님들 중에서는 가장 자연스럽게 아이들을 혼내거나 훈계하신 선생님입니다. 훈계를 통해서 오히려 아이들이 선생님께 마음의 문을 닫지 않았고 두터운 신뢰가 쌓였기 때문입니다.

저는 오늘 우리 반 몇 명의 아이들을 조금 혼냈습니다. 제가 중학생 때처럼 매로 때리는 등의 체벌은 할 수 없기에 그렇게 혼내지는 않았습니다. 훈계 대상은 반복되는 지각생과 종례 때 완전 늦게 와서 종례를 못해 반 아이들 전부를 기다리게 한 학생, 교복을 제대로 입고 오지 않은 아이 등입니다. 아이들을 훈계해야 할 상황이 오면 항상 저는 선택의 기로에 섭니다.

'내 감정을 막 쏟아 내고, 큰소리치고, 진짜 다시는 그러지 못하도록 따끔하게 혼내면서 서로 멀어질 것인가, 아니면 화기애애한 분위기 속에서 잘못을 차분히 이야기해 주고 웃으면서 정을 쌓으며 끝낼 것인가?'

물론 모든 상황에서 후자와 같이 훈계할 수는 없습니다. 약한 친구를 괴롭히거나 물건이 없어지는 일이 생기면 반 아이들 앞에서 목소리를 높이지 않을 수가 없습니다.

오늘은 그 정도의 상황은 아니었고, 될 수 있으면 후자를 선택하고 싶어서 중학교 2학년 때 담임선생님이 하셨던 방법을 사용했습니다. 장기적으로 봤을 때도 후자의 방법이 아이들의 마음을 얻고, 스스로 뉘우치게 하며, 아이들과의 관계도 해치지 않는 것 같습니다.

열 번 잘하다가 한 번 잘못해서 멀어지는 경우가 종종 있습니다. 특히 여학생들의 경우 한 번 삐치면 회복되기까지 상당한 시간이 걸리기도 합니다. 자신의 잘못을 제대로 반성하지 않거나 예의가 전혀 없는 아이를 훈계할 때는 아직도 여전히 힘듭니다. 예전에는 이런 학생을 만나면 열심을 다해 혼내기만 했습니다. 뒤에 아이를 달래는 방법도 잘 몰랐고, 달랠 필요도 없다고 생각했습니다.

하지만 이제 조금은 알 것 같습니다. 힘든 학생일지라도 교사인 제가 제 감정을 잘 절제하며 훈계하면 나중에는 서로 웃으면서 더 가까워지는 계기가 될 수 있다고 확신합니다. 뭔가 불만이 있기 때문에 예의 없이, 아이들 말로 '뼈대하게' 행동하는 것이기 때문입니다. 실제로 시간이 조금 지나자 웃으면서 혼낼 수 있게 되었고 서로 친밀해지는 계기가 되었습니다. 혼내면서 이런저런 이야기를 걸어 보고 듣는 과정을 거쳐서 말입니다.

어떻게 훈계하느냐는 정말 중요합니다. 바로 그때가 아이와 더 친밀해질 수 있는 좋은 기회라는 사실을 평생 잊지 않으려고 합니다.

눈병을 통해
겸손을 배우다

아들이 눈병이 걸렸습니다. 한쪽 눈이 붉게 충혈되고, 눈곱이 끼고, 눈을 제대로 뜨지 못했기에 마음이 참 아팠습니다. 특히 안약을 넣으려고 하면 발버둥을 치고 소리 지르며 우는 모습을 보니 마음이 쓰라렸습니다.

아들은 아내와 저 사이에서 자는데, 잘 때 이리저리 뒹굴다가 얼굴을 부비기도 합니다. 눈병 걸린 아이를 격리시켜 다른 방에 재우는 것이 맞는 것 같았지만, 어린아이를 혼자 재워야 한다고 생각하니 마음이 아팠습니다. 그리고 우리가 손을 잘 씻고 눈을 비비지만 않으면 눈병이 옮지 않을 것 같았습니다. 그러다가 아내가 옮았고, 그다음에 제가 눈병에 걸렸습니다.

아들이 나았고, 아내도 금방 나았는데, 마지막에 걸린 제 눈병이 가장 심했습니다. 눈이 붓고, 눈곱이 생기고, 쓰라리고, 충혈되고, 마치 모래가 눈에 들어간 것처럼 꺼슬꺼슬한 느낌이 눈을 깜빡일 때마다 느껴졌습니다. 무엇보다 진물이 눈을 타고 흘러 눈을 제대로 뜰 수조차 없었고, 계속 닦아야 했기에 여간 괴로운 것이 아니었습니다.

다행히 공기로는 눈병이 안 옮고 접촉만으로 옮기니 괜찮다고 해서 학교에 출근했습니다. 두 눈이 붓고 완전 붉게 충혈되어 도저히 맨눈으로는 갈 수가 없어서 선글라스를 썼습니다.

뜨거운 햇빛이 비치는 해변도 아닌 학교에서, 그것도 실내에서 선생님이 선글라스를 끼고 나타났으니 아이들이 얼마나 우스웠겠습니까? 선생님과 아이들 중 몇몇이 "완전 멋있습니다! 평소에도 그렇게 다니세요!"라고 말하기는 했지만 대부분은 놀라움과 웃음을 감추지 못했습니다.

"아~ 선생님, 쌍꺼풀 수술 하셨어요? 선글라스는 왜 쓰셨어요?"
"선생님, 잠자리 같아요. 선생님 눈 한 번만 보여 주세요."

남은 아파 죽겠는데 아이들은 제 앞에서 계속 웃고 떠들었습니다. 그런데 한편으로 이리도 큰 즐거움과 기쁨을 줄 수 있다니 감사한 마음이 들어 같이 농담을 주고받으며 웃었습니다. 특히 교실에 조례하러 들어갔더니 한 학생의 큰 목소리가 교실에 울려 퍼졌습니다.

"앗! 똥파리 같습니다."

아이들과 함께 얼마나 웃었는지 모릅니다. 그래서 제가 "이렇게 손을 비비면 완전 더 똥파리 같지?" 하면서 손을 얼굴 앞에 대고 연신 손바닥을 비벼 댔습니다. 다 같이 배꼽 빠지게 웃었습니다.

3주 동안 양쪽 눈이 너무 아파서 울고 싶고, 차라리 눈을 감고 있어야 아프지 않을 만큼 고생하면서 저는 하나님께 더욱 기도했습니다. 그때 느끼고 깨달은 것들이 있습니다.

먼저, 바울 사도가 대단하다는 생각이 들었습니다. 바울이 가진 육체의 가시가 안질 혹은 간질이라고 하는데, 만약 눈병인 안질이었다면 사역하면서 얼마나 괴롭고 힘들었을까 싶었습니다. 바울은 하나님께 세 번씩이나 육체의 가시가 떠나게 해 달라고 간구했습니다. 이때 하나님께로부터 받은 응답과 그에 대한 바울의 고백은 다음과 같습니다.

나에게 이르시기를 내 은혜가 네게 족하도다 이는 내 능력이 약한 데서 온전하여짐이라 하신지라 그러므로 도리어 크게 기뻐함으로 나의 여러 약한 것들에 대하여 자랑하리니 이는 그리스도의 능력이 내게 머물게 하려 함이라 고린도후서 12장 9절

어떻게 이런 고백을 할 수 있었을까요? 저는 아프다고 찡찡거려 봤자 겨우 3주 정도인데, 바울은 육체의 가시가 떠나지 않고 계속 있었으니 말입니다. 그래서 사람이 겸손할 수밖에 없다는 생각이 들었습니다.

그런데 눈이 아프다 보니 쉽게 짜증이 났습니다. 그래서 제가 내린 선택은 의도적으로 더 웃고, 더 감사하자고 결심한 것이었습니다.

"바울만큼 아픈 것도 아니고, 평생 아플 것도 아니니까 쉽게 짜증 내지 말자. 더 감사하자!"

그러고 보니 평소에 잘 보이고 자연스럽게 눈을 깜빡이는 것 자체가 얼마나 감사한 일인지요! 태어나서 처음으로 이에 대해 감사하는 마음을 가지게 되었습니다.

이 글을 적고 있을 때 저는 영화 속 드라큘라같이 붉은 눈을 가지고 흐르는 진물을 닦았습니다. 그래도 이 글을 쓰게 되어 행복합니다. 올해 들어 제가 이렇게 엘리야처럼 하나님께 납작 엎드려서 기도한 적이 없기 때문입니다. 이런 시기일수록 더욱 자신을 되돌아보고 하나님께 집중할 수 있기에 또한 감사합니다.

눈병을 통해 제가 연약한 존재라는 사실을 다시금 깨닫게 해 주고, 겸손을 배우며, 하나님과 깊은 교제를 경험할 뿐만 아니라 귀한 깨달음을 얻도록 해 준, 눈병을 옮긴 아들 예찬이에게 고맙습니다. 그

리고 아픈 두 눈을 감고 곰곰이 하나님을 묵상하다 보니 이런 기도가 나옵니다.

"하나님, 그동안 제가 더럽고, 음란하고, 추악하고, 폭력적인 영상물을 봤던 것들 모두 진심으로 회개합니다. 스마트폰을 가지고 있는 이 시대를 살고 있는 저는 그런 것들에 대해 한시도 자유로울 수 없는 연약한 영혼입니다. 저를 불쌍히 여겨 주시옵소서.

주님이 회복시켜 주실 건강한 제 두 눈으로 하늘나라 갈 때까지 아름다운 것, 좋은 것들만 보게 해 주세요. 그리고 하나님의 눈으로 주위 사람들을 바라보게 하시어 영혼을 살리는 일에만 더욱 집중하게 해 주세요. 제가 연약해서 보지 말아야 할 것들을 보면 지금처럼 제 눈을 또 아프게 해 차라리 죄를 짓지 않게 해 주세요. 고마우신 예수 그리스도의 이름으로 기도드리옵나이다. 아멘."

친구 같은
교사가 될 때까지

저는 우리 학생들이 정말 좋습니다. 수업 시간에 열심히 수업 듣는 모습도 정말 예쁘고, 개구쟁이처럼 떠드는 모습도 귀엽습니다. 씩 웃으며 조용히 하라고 눈빛으로 주의를 주면 공부하는 척 금방 자세를 추스르는 모습도 사랑스럽기 짝이 없습니다.

쉬는 시간이 되면 친구들과 매점 간다고 신이 난 아이들, 2-3명씩 짝을 지어 교무실에 들어와서 제게 장난 거는 아이들, 복도를 지나

가면서 씩씩하게 반갑다고 인사하는 아이들로 학교는 더 활기를 띱니다. 쉬는 시간 10분은 진짜 아이들에게 없어서는 안 될 소중한 시간입니다.

학생들과 저는 상담을 굉장히 많이 합니다. 엄밀히 말해, 상담이라기보다는 아이의 이야기를 다 들어 주고, 마음과 감정을 알아주고, 공감해 주는 시간이라고 하는 편이 더 맞는 것 같습니다. 학생부와 선교부가 합해 생활안전인성부가 되었고, 거기에 속해 종교와 더불어 상담을 맡으면서 더더욱 많은 아이가 제게 상담을 요청하게 되었습니다.

아이들이 저를 믿고 물밀 듯이 많은 상담을 요청하고 있는데, 상담을 하면 할수록 어려움을 느꼈고 그만큼 중요하다는 사실도 더불어 깨닫게 되었습니다. 그래서 상담을 공부하고 배우기 시작했습니다. 아내가 심리학을 전공하고 상담을 공부했기 때문에 아내에게 많은 도움을 받았습니다. 그리고 아내가 추천해 주어 최성애 박사님의 '감정 코칭' 지도자 과정을 밟고 있는 중입니다.

감정 코칭이란 학생들의 감정을 다 받아 주고 행동은 수정해 주는 방법입니다. 단 행동에는 제한을 두는 것인데, 행동의 제한이란 남과 자신에게 피해를 주면 안 된다는 것을 의미합니다.

감정 코칭의 기본 전제는 상대방이 '그럴 수도 있겠다'라고 여기는 것입니다. 상대방의 상황과 환경이 모두 다르기 때문에 그의 입장을 제대로 알고 나면 '아~ 그럴 만한 이유가 있었구나' 하고 이해하게 되는 것입니다.

상담을 공부하면서 교사가 되자마자 바로 배웠다면 좋았을 것을 교사 10년 차가 되어서야 배우는 것이 정말 후회가 되었습니다. 그래도 지금이라도 배울 수 있음에 감사하면서 잘 익히고 몸에 숙지해서 아이들에게 제대로 된 상담을 해 주고 싶은 마음입니다.

감정 코칭을 배우고 상담을 공부하면서, 가장 중요한 것은 상담을 요청한 학생에게 '선생님은 온전히 네 편'임을 느끼게 해 주는 것이라는 사실을 알게 되었습니다. 이야기를 들으며 아이의 감정을 잘 공감하고 이해해 주는 것이 핵심입니다. 사실 아이가 시간을 내서 상담을 받으러 온 이유는 바로 자기 이야기를 들어 주고, 자기편이 되어 주며, 지지해 주고, 도와 달라는 뜻이 아니겠습니까!

그러자 그동안 제가 얼마나 상담을 잘 못했는지 알게 되어 부끄러웠고, 그동안 상담했던 아이들에게 미안한 마음마저 들었습니다. 학생이 잘되고 옳은 길로 가게 하려는 마음이야 똑같지만, 아이가 하고 싶어 하는 이야기를 끝까지 들어 주지 않고 중간에 잘라먹기도 하고, 아이의 감정에 잘 공감해 주지 않은 채 옳은 이야기만 했다는 생각이 들었습니다.

이 사실을 확실히 알고부터는 상담 시간이 달라지기 시작했습니다. 이제 아이들이 무슨 고민거리를 들고 찾아오더라도 상담을 잘 못해 주면 어쩌나 고민하거나 걱정하지 않습니다. 먼저 하나님이 함께해 주시기를 기도하고, 제가 어떤 말을 해야 할지 지혜를 구하고 상담을 시작합니다.

운전을 할 때 자동 기어를 'D'에 두느냐, 'R'에 두느냐에 따라 차가 앞으로 가거나 뒤로 갑니다. 마찬가지로 상담할 때 제 마음의 모드를 아이의 이야기에 완전 집중하는 모드로 만듭니다. 쓸데없는 이야기 같기도 하고, 과장된 표현 같기도 하고, 거짓말 같기도 해서 중간에 톡 하고 끊고 끼어들고 싶어도 참고 끝까지 듣습니다. '리액션'도 잘해 주고, 맞장구도 잘 쳐 주면서 아이가 속에 있는 말을 마음껏 다 할 수 있도록 끌어내는 것입니다.

아이들에게 집중해서 제 귀를 온전히 빌려주었더니 많은 변화가 일어났습니다. 여학생들은 제 앞에서 눈물을 주르륵 흘리며 속마음을 다 털어놓았습니다. "여기 와서 이것까지는 얘기 안 하려고 했는데요" 하면서 다 말했습니다.

"이거는 선생님한테 처음 얘기하는 건데요, 꼭 비밀 지켜 주세요."

얼마나 감사하고, 또 감사한지 모릅니다.

어떤 문제는 선생님으로서 직접적인 해답을 줄 수 있었지만, 대부분은 답을 줄 수 없었습니다. 그런데 참 신기하게도, 이야기를 끝까지 잘 들어 주고, 감정을 잘 읽고 공감해 주면 아이 스스로가 정답을 내놓거나 정답과 가장 근접한 답을 내놓았습니다. 이런 일이 반복될수록 저는 한 가지 사실을 또한 깨닫게 되었습니다.

'그렇구나! 정답을 몰라서 내게 알려 달라고 온 것이 아니구나. 정답은 알고 있는데, 지금 자기 마음이 복잡하게 얽혀 있고 힘드니까 자기 이야기를 충분히 듣고, 자기 말에 공감해 주고, 격려해 줘서 용기가 생기도록 도와 달라는 뜻이구나!'

상담을 받은 많은 아이가 저와 함께 교회에 다니고 있습니다. 기존에 교회를 다니던 아이들은 더욱 열심을 내어 신앙생활을 하고 있고, 예수님을 전혀 몰랐던 아이들은 교회에 가서 예배를 드리며 예수님에 대해 알아 가며 점차 믿음이 생기고 있습니다. 저는 우리 학생들과 삶을 나누고 도움을 주는 친구 같은 교사가 되고 싶습니다.

"선생님, 제 이야기 좀 듣고 제 말에 공감 좀 해 주세요."

저는 이 말이 "선생님, 맘 다 터놓고 말할 수 있는 친구 같은 선생님이 되어 주세요"라고 들립니다.

그리고 저는 소망합니다. 사랑하는 우리 아이들이 진짜 이 세상 누구와도 비교할 수 없는 최고이자 참된 상담자이신 예수님을 진심으로 만나기를 말입니다. 그래서 마음에 온전한 치유를 경험하고, 죄로부터 참 자유를 얻으며, 인생의 참 의미와 행복을 찾아 아름다운 인생을 누리며 매일매일 기쁘게 살기를 진심으로 기도합니다.

시골 목사님의
똥차

20대 초반에 처음으로 농어촌 선교를 갔을 때의 일입니다. 당시 밀양에 있는 한 농어촌 교회로 여름성경학교를 섬기러 갔습니다. 연세가 굉장히 많고 인자하신 시골 교회 목사님이 다 떨어진 승합차를 몰고 아이들을 태우러 가셨습니다. 그때 제가 동승했는데, 시동도 한 번 만에 안 걸리고 가다가 시동이 꺼지는 등 사고 날까 봐 진짜 무서웠습니다.

다 떨어진 승합차를 몰고 좁은 논두렁길을 달리며 산 2개를 넘어서 도착한 곳은 푹 하고 곧 주저앉을 것 같은 낡은 집이었습니다. 그곳에서 초등학교 2학년 여학생 1명을 태웠습니다. 그리고 또 달려서 마찬가지로 오래된 집에서 6살 된 남학생 1명을 태우고 교회로 왔습니다.

우리 청년 대학생들이 20명쯤 되었는데, 목사님이 다 떨어진 승합차로 데려오신 2명의 학생들과 함께 여름성경학교를 열었습니다. 아이 1명당 선생님 10명꼴이라니, 좀 놀랐습니다.

'여름성경학교 준비를 한 달 이상 했는데 달랑 꼬맹이 2명이라니?'

아쉬운 마음이 들었습니다. 하지만 같이 갔던 형님, 누나들은 역시 달랐습니다. 비록 2명밖에 안 되는 아이들이었지만 최선을 다해 즐겁게 율동을 가르치며 찬양했고, 전심을 다해 예배를 드리고 성경 말씀을 가르쳤습니다. 그런 선배들의 모습에 감동을 받았습니다. 정말 한 영혼을 천하보다 귀하게 여기는 모습을 눈으로 직접 보았던 것입니다.

사역을 마칠 때쯤 알게 된 사실이 있습니다. 꼬맹이 2명의 부모님들은 다 교회에 나오시는 분들이 아니었습니다. 믿지 않는 집의 아이들을 여름성경학교에 데려오려면 차가 있어야 했기에 목사님이 폐차 직전의 차를 사셨던 것입니다. 새 차도 아니요, 중고차도 아니요, 어느 분이 폐차장에 가서 폐차시키려는 차를 "잠깐만요!" 하고는 80만 원 주고 사 오신 것이었습니다. 그것도 돈이 없어서 10만 원씩 8개월 할부로 사셨다는 사실을 알게 되었습니다. 시골 교회 낡은 승합차는 복음을 전하는 거룩한 차였던 것입니다.

농어촌 선교를 마무리하고 집으로 돌아오는 내내 당시의 감동이 쉬 가시지 않았습니다. 마침 목사님이 승합차를 운전할 때 햇빛 가리개가 없어서 따가운 햇빛에 눈이 부셔 눈물을 흘리며 운전하시던 모습이 생각났습니다. 그래서 자가용 햇빛 가리개를 구입해 보내 드렸습니다. 전화를 드리면서 이렇게 말씀드렸습니다.

"목사님, 저 최병호입니다. 내일쯤 자가용 햇빛 가리개가 도착할 겁니다. 목사님 차 앞 유리 부분에 달면 됩니다. 햇빛 가리개가 없어 따가운 햇빛에 울면서 운전하시는 모습을 보면서 너무 놀랐습니다. 이제 이거 달고 다니세요. 선글라스 역할을 해서 이제 눈이 안 따가우실 겁니다. 그리고 목사님이 다 떨어진 승합차로 꼬맹이 2명을 실어 오시는 모습을 보면서 제가 결심한 것이 하나 있습니다. 지금은 학생이라 많이 못 도와 드리지만 직장인이 되면 꼭 많이 도와 드리겠습니다. 그리고 목사님 차는 비록 다 떨어지고 낡았지만 하나님이 그 차를 생명을 실어 나르는 차, 복음을 전하는 거룩한 차로 만드신 모습을 보면서 감동을 받았습니다. 저도 다음에 차를 사게 된다면 목사님의 승합차처럼 복음을 전하는 차로 만들겠습니다."

그러자 수화기 너머로 목사님의 부드러운 웃음소리가 들려왔습니다.

"은혜 많이 받으셨네요. 기도하겠습니다. 꼭 그렇게 하십시오."

목사님의 인자한 목소리가 아직까지 제 귀에 맴돕니다. 이 일이 평생 제가 전도하고 선교하는 일에 얼마나 크게 작용했는지 모릅니다.

생명을 실어 나르는
아름다운 차

　브니엘의 4개 학교에는 기숙사가 있습니다. 지문 인식 출입문과 밤에도 환히 보이는 적외선 CCTV, 그리고 엄선된 사감 선생님을 둔 최신식 기숙사입니다. 그래서 서울, 강원도, 전라도, 제주도 등 전국 각지에 있는 친구들이 옵니다. 참 감사하게도 그 아이들 중에 많은 아이가 우리 교회에 다닙니다. 가까이 있는 친구들은 스스로 교회에 오지만, 멀리 사는 친구들은 제가 주일 아침에 집으로 태우러 갑니다.

　어느 날 한 아이가 말했습니다.

　"선생님, 저 기숙사에 사는 거 아시죠? 주말에는 집에 내려가는데 쌤 따라 교회 갈 테니 대신에 저희 집까지 저 좀 태우러 와 주세요. 그러면 저 쌤이랑 같이 교회 갈게요."

　저는 정말 기뻐서 말했습니다.

　"교회 온다니 진짜 고마워. 그래, 너희 집이 어딘데?"

　아이는 씩 웃으면서 말했습니다.

　"저희 집은 울산에 있는 방어진이란 곳이에요. 우리 집에서 학교까지 아빠 차로 1시간 20분 정도 걸려요. 되게 멀죠? 근데 진짜 우리 집까지 태우러 오실 수 있어요?"

　마음속으로 진짜 교회에 가고 싶은데 멀어서 아쉬운 마음에 웃는 것인지, 아니면 '이렇게 먼데 설마 선생님이 진짜 오실까?' 하고 놀리는 의미로 웃는 것인지 알 수가 없었습니다. 그때 갑자기 제가 밀양으로 선교를 갔을 때 만난 인자한 목사님께 수화기를 들고 진심을 다해 고백했던 모습이 떠올랐습니다.

'그래, 그때 내가 목사님께 내 차를 복음 전하는 거룩한 차로, 생명을 실어 나르는 차로 만들겠다고 했는데, 바로 이때를 위함이구나!'

그래서 저는 그 아이에게 똑같이 웃으면서 답해 주었습니다.

"당근이지! 갈 테니까 기다리고 있어~!"

우리 집에서 그 학생 집까지 1시간 20분 정도 걸렸고, 학생 집에서 교회까지 고속도로를 달리니 1시간 10분쯤 걸렸습니다. 아이는 진짜 자기를 데리러 와 주어 고맙다고 말했습니다. 고맙다는 말을 들을 때 얼마나 가슴이 뿌듯하고, 기쁘고, 설렜는지 모릅니다.

또 한번은 한 아이가 기쁨을 이기지 못하고 진짜 행복한 얼굴로 제게 와서 이렇게 말했습니다.

"선생님, 제가 친구를 전도하게 되었어요. 3개월 동안 친구를 위해 기도하며 교회에 딱 한 번만 가자고 얘기했는데, 드디어 다음 주에 교회에 오겠대요."

이 말을 듣고 어찌 칭찬하지 않을 수 있겠습니까! 그래서 저는 엄청 잘했다고 칭찬을 쏟아부어 주었습니다. 그런데 뒤이어 아이가 이렇게 말했습니다.

"선생님, 근데요, 친구 집이 좀 멀어요. 친구가 쌤이 태우러 오면 가겠대요. 선생님이 아이들 태우러 가 주시잖아요. 제 친구도 꼭 태우러 가 주세요."

하나님의 일은 합력해 선을 이루는 것이 아니겠습니까? 그래서 제가 "당연히 가야지! 너가 이렇게 친구를 위해서 기도하며 전도하는

데, 선생님이 왜 안 태우러 가겠니? 그래, 그 친구 집이 어딘데?"라고 물었습니다.

"경주예요, 경주! 히잉~ 조금 많이 멀죠! 선생님, 멀어도 꼭 좀 가 주세요. 부탁드릴게요. 선생님~"

웃으며 사정하는 아이의 열정과 사랑 넘치는 모습을 보고 제가 얼마나 기쁘고 감사했는지 모릅니다.

내비게이션을 찍어 보니 우리 집에서 경주에 사는 친구의 집까지는 약 100km 떨어져 있었습니다. 그런데도 저는 시험에서 100점을 맞은 것처럼 기분이 좋았습니다. 경주까지 가는 길이 진짜 감사하고 기뻐서 찬양이 절로 나왔습니다. 경주에서 '주인공'을 태울 때 그 친구가 제 차를 타자마자 이렇게 말했습니다.

"와~! 선생님! 진짜 오실 줄 몰랐어요. 여기까지 오시는 거 보니 선생님이 저를 얼마나 좋아하시는지 알겠어요. 이제는 오지 마세요. 진짜 너무 죄송해서 안 되겠어요. 여기 경주에 있을 때는 친한 친구 따라 집 근처 교회에 가고, 기숙사에 있을 때는 선생님이랑 친구 따라 부산에 있는 교회에 갈게요."

기쁜 마음으로 고백하는 아이의 말을 듣고는 하나님께 감사하지 않을 수 없었습니다.

경남 양산에 있는 학생을 태우고 울산에 있는 학생을 태워서 교회로 오는 길이 A코스입니다. 그리고 때로는 김해, 장유, 창원에 사는 학생을 태워서 교회에 오는데, B코스입니다. 경주에 사는 학생이 생기면서 이외에도 C코스, D코스가 차츰 생겨 났습니다.

이 코스들은 대부분 2시간 이상 소요되는데, 학생들은 별로 지겨워하지 않습니다. 왜냐하면 차 안에서 아이들과 맛있는 간식을 먹으면서 오기 때문입니다. 제 차에는 언제나 아이들과 함께 먹을 맛있는 음식이 준비되어 있습니다. 차에서 간식을 먹으면 부스러기가 떨어지지만, 그래도 상관없습니다. 나중에 세차하면 됩니다.

그리고 교회까지 오는 길에 우리는 차 안에서 우리만의 이야기를 나누곤 합니다. "선생님, 있잖아요~ 이건 선생님만 아세요~!" 하면서 시작되는 이야기를 듣다 보면 어느덧 저 멀리 교회가 보입니다.

또 음악도 블루투스를 이용해 아이들이 원하는 곡을 들으면서 옵니다. 아이들이 원하는 곡이 제게는 무척 생소할 때가 많습니다. 그래도 괜찮습니다. 아이들이 원하는 노래를 다 틀어 준 후 "이번에는 선생님이 좋아하는 곡 한 번 들어 보자" 하면서 저는 CCM을 선택합니다. 예를 들면 이런 식입니다.

"얘들아, 요즘 〈복면가왕〉에서 몇 주째 계속 가왕 자리를 지키고 있는 '홍부자댁'이 CCM 가수 소향인 거 다 알지? 이분 노래 한번 같이 들어 보자. 정말 사람이 아닌 신이 주신 목소리야!"

그러면 아이들의 반응이 얼마나 대단한지 모릅니다.

이런 식으로 먹을 것과 이야기, 그리고 음악까지 3박자가 갖추어졌기 때문에 교회까지 오는 차 안에서 웃음이 떠나지 않습니다. 저는 이렇게 몇 주, 혹은 몇 달을 아이가 원하면 언제나 태우러 갑니다.

하지만 집에서 교회까지의 거리는 매우 중요합니다. 집과 교회가 가까우면 신앙생활 하는 데 얼마나 좋은지 모릅니다. 그래야 새벽기도회, 금요철야예배 등 교회 행사가 새벽 일찍 시작되거나 밤늦게 끝나도 부담이 덜합니다. 교회 바로 근처에 사는 사람들을 보면 정말 부럽습니다. 차가 있는 어른도 그런데, 학생들의 경우 더욱 그런 것 같습니다.

저는 아이들에게 제가 다니는 교회만을 고집하지 않습니다. 따라서 예수님을 잘 믿고 믿음이 어느 정도 성장했다 싶으면 아이들의 집 근처에 있는 좋은 교회 고등부를 소개시켜 주곤 합니다. 제가 직접 고등부 담당 목회자에게 연락을 드려서 이 학생이 얼마만큼 신앙생활을 했고, 어떤 학생인지 말씀드린 후에 잘 돌보아 주시기를 당부하는 말도 빠뜨리지 않습니다.

이렇게 학생들을 싣고 교회를 다니다 보니 차가 많은 킬로수를 뛰게 되었습니다. 제게는 구입한 지 6년 된 차가 있었는데, 25만 km를 뛰었습니다. 1년에 4만 km 넘게 달렸다는 이야기인데, 친구들이 제 차를 가리켜 '브니엘예술고등학교 택시'라고 불렀습니다.

많이 달리다 보니 부품이 자주 고장나 차를 중고 시장에 팔았습니다. 만약 차가 말을 할 수 있다면 주인인 제게 이렇게 말할 것만 같았습니다.

"주인님, 저를 생명을 실어 나르는 차로, 복음을 전하는 거룩한 차로 사용해 주셔서 고맙습니다."

지금은 안전을 위해 다른 차를 구입했습니다. 지금의 차도 복음을 전하는 아름다운 차로 잘 사용하고 있습니다.

나를 내려놓게
해 주는 큐티

저는 학교에 갈 때 진짜 나를 두고 가려고 합니다. 왜냐하면 내가 나오면 쉽게 짜증나고, 화를 내고, 공격적인 말이 튀어나오기 때문입니다. 학교에 가면 모든 아이가 예의를 갖춰서 이야기하지는 않습니다. 말을 거르지 않고 툭하고 내뱉기도 하고, 때로는 비인격적으로 아주 불쾌한 말을 할 때도 있습니다. 저도 사람이기에 아픕니다. 어떤 때는 칼로 후벼 파이는 듯한 아픔이 느껴지기도 합니다. 저는 좋게 이야기했는데 모든 짜증을 다 섞어서 말하는 아이도 있습니다. 그때 내가 그대로 있으면 그 순간 바로 소리를 지르게 됩니다. 얼마나 큰소리 치는지 모릅니다.

"뭐? 너, 선생님한테 뭐라고 했어? 그게 선생님한테 할 말이야!"

이렇게 한 적이 많습니다. 그러나 화가 나는 똑같은 상황을 맞닥뜨리더라도 큐티 하고 기도하며 나를 집에 두고 간 날은 대처하는 태도가 달랐습니다. 똑같이 오만 인상을 쓰고 제게 짜증을 내며 무례히 행동하는 아이의 말에 일단 크게 심호흡을 한 번 하고 나서 최대한 차분한 말로 "상담실에 가 있을래?"라고 말합니다. 먼저 상담실로 보내고 나서 천천히 이동하는 동안 주님께 짧지만 정말 집중해서 순간적으로 기도합니다.

"주님, 저 자신을 버리게 하시고 주님의 온유함으로 저를 덮어 주세요. 제 자아가 나오지 않게 해 주세요. 예수님의 이름으로 기도드리옵나이다. 아멘."

그리고 상담실에서 아이와 만나 마주앉아서 차분히, 침착하게, 최대한 부드럽고 따뜻하게 이야기합니다. 그러면 제 말을 들은 아이는 눈물을 주르르 흘리고 날카로웠던 눈빛이 부드럽게 바뀝니다. 경계하던 눈빛에서 '저 좀 도와주세요'라는 애처로운 눈빛이 됩니다.

그러면서 정말 중요한 사실 하나를 깨달았습니다. 아이들을 혼낼 때는 절대 큰소리치지 않아야 한다는 것입니다. 소리를 지르면 아이들은 감정이 더 상하고, 자기가 잘못한 것은 맞지만 "선생님, 왜 큰소리치며 화만 내세요!" 하며 더 반항합니다. 하지만 진짜 부드러우면서도 단호하게 말하면 대부분 스스로 반성했습니다.

이 일이 가능하려면 정말 내 자아를 집에 두고 와야 합니다. 특히 그 순간만큼은 나 자신이 아니라 예수님께 사로잡힌 온전한 사람이 되어야만 합니다.

화를 내면 아이와 멀어지고, 감정이 서로 더 상하고, 아이는 반성하지도 않고, 저도 흥분이 가라앉지 않는 등 손해가 이만저만이 아닙니다. 화내면 그동안 기도와 많은 노력으로 쌓아 놓았던 아이와의 관계가 한순간에 무너지고 맙니다. 그래서 저는 나를 집에 두고 학교에 갑니다. 아니, 나만 집에 놔두고 가면 되는 것이 아니라 내 안에 순간순간 예수님의 성품으로 채워야만 합니다.

나를 집에 놔두고 갈 수 있는 가장 좋은 방법은 말씀 묵상과 기도, 즉 큐티입니다. 큐티 하며 나를 집에 두고 학교에 갔을 때와 그냥 갔을 때는 확실히 다릅니다. 특히 말씀 중에서도 갈라디아서 2장 20절을 깊이 묵상하고 학교로 출발합니다.

내가 그리스도와 함께 십자가에 못 박혔나니 그런즉 이제는 내가 사는 것이 아니요 오직 내 안에 그리스도께서 사시는 것이라 이제 내가 육체 가운데 사는 것은 나를 사랑하사 나를 위하여 자기 자신을 버리신 하나님의 아들을 믿는 믿음 안에서 사는 것이라 갈라디아서 2장 20절

저는 이 말씀을 읽고 또 읽습니다. 이미 암송한 말씀이기에 눈을 감고 깊이 묵상하며, 이렇게 기도합니다.

"주님, 오늘 하루도 제 영을 풍성하게 하시고 은혜롭게 시작하게 해 주셔서 감사드립니다. 오늘 학교 가기 전에 연약한 자아는 집에 완전히 두고 가게 해 주시고 온전하고 완전하신 예수님만 제 마음속에 가득 담고 가게 해 주세요. 예수님의 이름으로 기도드립니다. 아멘."

학생들을
꽃으로 보리라

저는 브니엘고등학교에서 가르치다가 지금은 브니엘예술고등학교에 있습니다. 음악, 미술, 무용을 전공하는 아이들이 있는 곳입니다. 그래서인지 개성이 강한 아이들이 특히 더 많습니다. 예술을 잘 모르고 접해 본 적도 별로 없는 저였기에 다양한 개성을 가진 우리 아이들을 가르친다는 것이 쉽지 않았습니다. 솔직히 정말 어려웠습니다.

수업 시간에 아이들과 서로 교감이 잘 통하는 상태가 되어야만

공부 내용도 집중력 있고 효율적으로 잘 가르칠 수 있고 아이들도 학습이 잘된다는 것을 몸으로 깨달았습니다. 그래서 제가 학생들을 대할 때 어떤 마음과 태도를 가져야 할지를 생각하면 가장 먼저 이 시가 떠오릅니다. 예전에도 한 번 소개한 적이 있는데, 그만큼 제 가슴 깊숙이 자리한 시인 이채의 시입니다.

이 시를 예쁜 종이에 손글씨로 쓴 다음에 학교 책상 유리판 밑에 넣어 두었습니다. 수업 들어가기 전에 교과서를 한 번 보고, 반 아이들 증명사진을 한 번 보고, 마지막으로 이 시를 한 번 보고 갑니다.

밉게 보면
잡초 아닌 풀이 없고,
곱게 보면
꽃 아닌 사람이 없으되,
내가 잡초 되기 싫으니
그대를 꽃으로
볼 일이로다.

털려고 들면
먼지 없는 이 없고,
덮으려고 들면
못 덮을 허물 없으되,
누구의 눈에 들기는 힘들어도

그 눈 밖에 나기는 한순간이더라.

(중략)

마음이 아름다운 자여!
그대 그 향기에 세상이 아름다워라.

《마음이 아름다우니 세상이 아름다워라》에서

이 시를 매우 좋아하다 보니 제 학교생활에 맞게 바꿔 보았습니다. 원래 시에 제가 단어만 몇 개 바꿔서 만든 것입니다.

밉게 보면
잡초 아닌 학생이 없고,
곱게 보면
꽃 아닌 학생이 없으되,
저 학생들을 꽃으로 볼 일이로다.

털려고 들면
교칙 잘 지키는 학생이 없고,
덮으려고 들면
상점 못 줄 학생이 없으되,

교사인 내 눈에 들기는 힘들어도
내 눈 밖에 나기는 한순간이더라.

(중략)

마음이 따뜻하고 아름다운 교사여!
그대 그 향기에 교실과 아이들이 아름다워라.

정말로 아이들을 어떻게 바라보느냐에 따라 아이들이 예뻐도 보이고, 밉게도 보입니다. 같은 농담을 하며 장난을 쳐도 제 마음에 말랑말랑한 쿠션이 있으면 저 또한 장난으로 받아칠 수 있습니다. 하지만 제 마음이 얇은 살얼음판일 때는 아이들이 제게 인사를 해도 그리 반갑지 않습니다.

그리고 교사로서 바른 마음과 태도를 가지려고 할 때 하나 더 새기는 글이 있습니다. 감정 코칭의 창시자인 심리학자 하임 기너트가 한 말입니다. 이 글 또한 제 책상 유리판 밑에 넣어 두고 자주 봅니다.

저는 엄청난 결론에 도달했습니다.
저는 교실의 결정적 요인입니다.
제가 어떻게 하느냐에 따라 교실의 분위기가 만들어집니다.
매일 제 기분이 교실의 기후를 만듭니다.
교사로서 전 학생의 삶을 비참하게 만들 수도 있고

즐겁게 만들 수도 있는 엄청난 힘을 갖고 있습니다.

저는 학생에게 고문의 도구도 될 수 있고,

반대로 영감을 주는 악기도 될 수 있습니다.

전 학생에게 굴욕감 또는 웃음을 줄 수 있고,

상처 또는 치유를 줄 수 있습니다.

어떤 상황에서도 그 위기를 악화시킬지 가라앉힐지, 학생을 인간적으로

또는 비인간적으로 만들지 결정하는 것은 전적으로 제 책임입니다.

정말 교사는 교실에서 학생들에게 엄청난 영향력을 끼칩니다. 어떠한 영향력을 끼칠지는 교사의 마음가짐과 역량, 노력에 달린 것 같습니다.

강다니엘의
후예들

2017년 아이돌 리얼리티 서바이벌 프로그램인 〈프로듀스 101〉 시즌 2에서 1등을 차지해 지금 엄청난 인기를 끌고 있는 워너원 멤버인 강다니엘이 브니엘예술고등학교를 나왔습니다. 저는 다니엘이 고1 때 수학을 가르쳤습니다. 그 당시 다니엘의 이름은 '의건'이었습니다. 무용과 남학생들은 조각해 놓은 것처럼 잘생긴 아이들이 많은데 그중에서 현대 무용을 전공한 의건이는 좀 더 두드러졌습니다. 또 의건이는 수업 시간에 예의 바르고, 항상 밝게 웃는 아이였습니다.

하루는 수학 시간에 환하게 웃으면서 수업을 잘 들은 의건이를 쉬는 시간에 불렀습니다. 복도에 서서 의건이에게 물었습니다.

"의건아, 솔직히 너 잘생긴 거 알지?"

그랬더니 의건이는 약간 당황해하더니 해맑고 수줍게 웃으면서 고개를 살짝 끄덕였습니다. "여자 친구는 있니?"라고 물으니 그가 "아니오, 없습니다"라고 대답했습니다.

"있잖아~ 선생님이 예고에 있다 보니 너처럼 잘생긴 애들한테는 여학생들이 먼저 대쉬하더라고~ 너 보니 성격도 좋아서 동기나 여자 선배들도 가만히 안 있을 것 같은데… 그 아이들이 다 대쉬하면 어떻게 할 거야?"

그랬더니 의건이가 "선생님, 실은 제가 연예인 데뷔하려고 준비 중입니다. 데뷔할 때까지 여자 친구는 절대 안사귀려구요"라고 대답했습니다. 그 대답을 들으니 어찌나 더 멋있고 예뻐 보이던지 "우와! 그래 의건아~ 너 이런 마음가짐과 자세, 태도 넘 멋지다. 이렇게 스스로 절제하려는 모습 보니 진짜 너는 잘될 것 같다. 진짜로! 선생님도 응원하면서 기도할게"라고 말해 주었습니다.

의건이는 "네, 선생님, 고맙습니다"라고 이야기했고 저는 "대신에 너 나한테 한 약속 어기고 여자친구랑 손잡고 다니는 거 선생님 눈에 띄면 바로 가서 그 손 팍~ 하고 끊어 버릴 거다. 오케이?" 하고 말했습니다. 의건이는 "히히, 네, 알겠습니다. 약속 지키겠습니다"하고 대답했습니다.

우리의 대화는 이렇게 훈훈하게 마무리되었습니다. 의건이는 자신이 한 말대로 연예인으로 데뷔하기까지 절제하며 그 약속을 잘 지켰습니다. 약속을 잘 지켜 준 의건이에게 너무 고맙고 대견하다는 말을 꼭 전하고 싶습니다.

우리 학교에는 다니엘처럼 자신의 꿈을 위해 절제하며 목표를 향해 하루하루 최선을 다하는 아이들이 참 많습니다. 다들 미래에 다니엘과 같은 인물이 될 '강다니엘의 후예들'입니다. 무엇보다 다니엘은 오랜 시간 힘들게 준비했고 가수로 데뷔하여 많은 사람의 사랑을 받으니 얼마나 기쁘고 자랑스러운지 모릅니다.

우리 학교 아이들은 다니엘처럼 모두 에너지가 넘칩니다. 너무 흘러넘치니 잘 조절해서 좋은 방향으로 에너지를 쏟을 수 있도록 지도하는 역할이 우리 선생님들이 할 일입니다. 음악, 미술, 무용을 전공하는 아이들이 각 분야에 진출해서 우리나라와 전 세계에 아름다운 문화를 선도하고, 선한 영향력을 미치는 멋지고 훌륭한 위인이 되기를 날마다 전심으로 기도하고 있습니다.

(사랑은) 모든 것을 참으며
모든 것을 믿으며
모든 것을 바라며
모든 것을 견디느니라
-
고린도전서 13장 4절

Part 3 **두근두근 재미난 일상**

전도는 짐이 아니라 행복을 주는 일

실패가 가져다준

귀중한 선물

초등학교 3학년 때까지 공부에서 꼴찌였던 제가 그래도 잘하는 것이 있었는데 그중 하나는 수학이었고, 또 다른 하나가 체육이었습니다. 특히 체육 중에서도 달리기와 축구를 잘했는데, 초등학교 내내 우리 반 대표 계주 선수로 뽑혔습니다. 초등학교 6학년 때 9반이었던 저는 4, 5, 6학년 홀수 반 계주 선수이자 마지막 바퀴를 뛰는 주자였습니다.

계주는 운동회의 꽃이자 점수가 가장 많이 걸린 종목이 아니겠습니까! 저는 제게 주어진 마지막 주자라는 임무가 떨리기는 했지만 뿌듯했고, 자신감도 넘쳐 났습니다. 왜냐하면 평소 6학년 10반 마지막 주자인 친구보다 달리기가 더 빨랐기 때문입니다.

계주를 하기 전까지 모든 종목의 점수를 더한 결과, 짝수 반인 백군이 홀수 반인 청군보다 100점을 앞서고 있었습니다. 만약 계주에서 청군이 이기면 무승부가 되고, 백군이 이기면 운동회의 승자가 되는 것이었습니다. 모든 학생과 학부형과 선생님이 지켜보는 운동회에서 저는 꼭 마지막 결승 테이프를 멋지게 끊고 싶었습니다. 자신 있었습니다.

드디어 계주가 시작되었습니다. 저는 제 앞에서 뛰었던 여학생에게서 바통을 넘겨받았습니다. 그 여학생은 10반 여학생보다 1m 정도 앞서서 제게 바통을 건네주었습니다. 그냥 그대로 잘 바통을 받아서 운동장 한 바퀴를 돌고 결승선을 통과하기만 하면 이기는 것이었습니다. 그런데 그만 제가 코너를 돌 때 10반 남학생에게 역전을 당하고 말았고, 따라잡지 못하는 바람에 그 친구가 결승선에 먼저 들어가게 되었습니다.

10반 남학생이 결승 테이프를 끊는 순간 "탕!" 하는 총소리가 들렸습니다. 수십 명의 아이들이 그 친구에게 달려들었고 안고, 박수하고, 환호하고, 춤추며, 그 친구를 헹가래 치기 시작했습니다. 저는 그 옆에서 초라하게 가쁜 숨을 헉헉거리며 양손을 무릎 위에 올려 두고 엉거주춤한 자세를 취한 채 얼굴이 하얗게 질려 있었습니다.

나중에 한 친구 집에 가서 그때 모습이 찍힌 사진 한 장을 보게 되었습니다. 모든 백군 아이에게 둘러싸여서 영웅이 된 친구와 주저 앉기 일보직전인 제가 사진에 고스란히, 그리고 아주 선명히 담겨 있었습니다. 그 순간은 제 학창 시절에 맛보았던 가장 큰 실패 중에 하나가 되었습니다.

옆 반 친구는 환희와 기쁨과 승리를 누리는 순간에 저는 죄인이 된 것 같아 가슴이 많이 아팠습니다. 주위의 시끄러운 소리들이 일시 정지가 되어 제게는 아무 소리도 들리지 않았습니다. 많은 아이가 운동장을 가득 메우고 있었지만 '나 혼자'라는 생각과 '이제 나는 어쩌면 좋지?'라는 생각밖에 들지 않았습니다.

이때 큰 좌절을 맛보고 힘들어하던 순간에 한 친구가 제 곁으로 달려와 주었습니다. 그리고 제 어깨를 두드리며 이렇게 말하는 것이 아니겠습니까?

"병호야~ 잘 달렸다! 니 진짜 잘 달리더라. 잘했다, 병호야."

정말 고마웠습니다. 운동회를 마무리하기 위해 학년별로 줄을 서는 순간에도 그 친구가 제 옆에 있어 주었고, 집에 갈 때도 제가 정말 힘든 것을 알고 우리 집까지 같이 가 주었습니다. 저는 어머니께 "계주에서 나 땜에 져서 힘이 빠졌어요. 친구랑 목욕탕 갔다 올게요" 하고는 둘이서 집 근처 목욕탕에 갔습니다.

뜨거운 탕 안에 있는 사람은 저와 친구 둘뿐이었습니다. 그 친구는 제가 운동회 이야기를 꺼낼 때까지 별다른 말을 하지 않았습니다. 그냥 이런저런 이야기를 하다가 제가 먼저 입을 열어 당시 상황을 물었습니다.

"계주, 어떻게 된 거였지?"

그제야 친구는 차분하게 말해 주었습니다.

"처음에 바통을 받았을 때는 병호 너가 2-3m까지 더 앞서갔어. 근데 코너 돌 때 너가 미끄러지듯이 코너 밖으로 크게 돌았고, 10반 그 애는 코너 안쪽으로 바짝 붙어서 작게 돌았어. 그때 역전되더니 끝까지 가더라구. 잘했어, 병호야. 오늘은 너가 실수한 거고, 평소에 너가 훨씬 더 잘 달리는 거 우리 학년 애들은 다 아는데, 뭘~"

따뜻하게 위로의 말을 해 주었습니다. 탕 안에 10분 이상 있으면서 참 많은 생각을 했던 것 같습니다. 정말 마음이 아팠습니다. 부끄럽기도 하고, 왜 더 잘하지 못했을까 자책도 되었습니다.

다행히도 그때 제 옆에는 고마운 친구가 있어 주었습니다. 그 친구가 만약 제 옆에 있어 주지 않았다면 저는 실패의 구렁텅이에서 빠져나오지 못했을 것입니다. 친구의 따뜻한 위로 덕분에 목욕탕에 다녀온 이후로 몸과 마음이 어느 정도 안정을 찾을 수 있었습니다. 그 일로 힘든 순간에 따뜻한 말 한마디가 얼마나 큰 힘이 되는지 알게 되었고, 특히 그럴 때는 백 마디의 말보다 그냥 옆에 묵묵히 있어 주는 것이 가장 큰 위로와 도움이 된다는 사실을 깨달았습니다. 실패의 경험은 저를 겸손하게 만들어 주었습니다.

물론 학교에 가서 수업 들어오시는 선생님들이나 아이들이 "병호가 그때 역전당하지 않았다면 운동회 때 청군이 지지 않았을 텐데…"라는 이야기가 그 뒤 일주일 동안 들리기는 했습니다. 그래도 괜찮았습니다. 그때도 제 옆에는 그 친구가 든든하게 같이 있어 주었고, 목욕탕에서 '그래, 다음 기회에 진짜 잘해야지' 하고 굳은 마음을 먹었기 때문에 담담하게 넘길 수 있었습니다. 이 사건은 비 온 뒤에 땅이 굳는다고, 저를 더 겸손하고 단단하게 만드는 귀중한 보약 같은 일이 되었습니다.

시간이 흘러 중학생이 되었습니다. 중학교 2학년 스승의 날에 특별 행사로 반별 계주 경기를 하게 되었는데, 한 반에 대표 4명씩 뛰었습니다. 첫 번째 주자가 뛰고, 두 번째, 세 번째 주자까지 뛰고, 드디어 마지막 주자인 제가 준비 선에 섰습니다. 늘 계주 마지막 주자를 맡는 저였지만 긴장되는 것은 언제나 마찬가지였습니다. 그리고 '이왕이면 앞의 주자가 1등으로 내게 바통을 주었으면' 하는 것이 항상 솔직한 심정인데, 현실은 그렇지가 않았습니다. 이날도 세 번째 주자가 4등으로 제게 바통을 넘겨주었습니다.

결선에 오른 팀은 5개 팀이었습니다. 제 뒤에 1명밖에 없었고 앞에는 3명이 보였습니다. 어떻게든 앞선 3명을 따라잡아야 했기에 열심히 뛰었습니다.

바통을 받을 때 달려가면서 받으면 정지해서 받을 때보다 3-4m는 더 앞서 달릴 수 있습니다. 정지해서 바통을 받고 속도를 끌어올리고 있던 3등 주자는 금방 따라잡을 수 있었습니다. 2등 주자는 첫 번째 코너를 돌 때 따라잡았습니다. 코너를 돌 때 뼈아프게 역전당했던 경험이 있는 저는 선에 바짝 붙어서 코너를 돌았습니다. 이제 직선 코스에서 앞에 있는 1명의 주자만 보였습니다. 마음속으로 '조금만 더'

를 외치며 달리다 보니 조금씩 차이가 좁혀지는 것 같았습니다. 그리고 두 번째 코너에서 1등 주자를 따라잡을 수 있었습니다. 그렇게 저는 멋지게 결승 테이프를 끊었습니다.

6학년 때 10반 친구에게 그러했듯이 모든 아이가 달려와서 저를 안아 주었고, 우리 반 담임선생님도 직접 오셔서 정말 잘했다고 꽉 껴안아 주었습니다. 모든 아이가 저를 들고 헹가래를 치기 시작했습니다. 운동장에서 하늘 위로 솟구칠 때는 파란 하늘이 정말 달콤해 보였습니다. 무지무지 행복했습니다.

그런데 헹가래를 받으며 행복에 젖어 있던 순간, 제게 역전당한 친구들이 생각났습니다. 그동안 공도 같이 찼던 친구들인데, 미안한 마음이 들었습니다. 예전에 제가 역전당했던 뼈아픈 기억이 있기에, 주위 친구들의 차가운 시선과 수군거림 속에 아파하고 있지나 않을까 걱정이 되었습니다.

헹가래를 3번 연거푸 받고 곧장 내려와서는 그 친구들을 찾기 시작했습니다. 특히 원래 1등 주자였던 아이는 초등학교 5, 6학년 때 같은 반 친한 친구였습니다. 더더욱 신경이 쓰여서 그 친구를 제일 먼저 찾아갔습니다. 몇몇 친구들과 같이 스탠드에 앉아서 축 처진 어깨와 상기된 얼굴로 축구화를 벗고 실내화로 갈아 신고 있는 모습이 보였습니다. 그때의 아픔과 복잡한 심경을 제가 모를 리 없었습니다.

옆에 친구들이 같이 있어 줘서 그나마 다행이다 싶었는데, 아니나 다를까 가까이 다가가니 들리는 소리가 원망 섞인 말들이었습니다.

"왜 좀 더 빨리 뛰지 못했냐? 너만 좀 더 빠르게 달렸으면 1등으로 들어오는 건데!"

진짜 화가 나고 어이가 없었습니다. 그래서 제가 일부러 다 들리도록 "야~!" 하고 소리치고는 찌푸린 얼굴로 더 가까이 다가갔습니다. 그제야 제가 온 것을 알고 다들 자리를 피해 주었습니다.

저는 다가가서 그 친구 옆에 앉았습니다. 뭐라고 달리 해 줄 말이 없었기에 "괜찮아?" 하고 한마디 건넸습니다. 그랬더니 친구는 "아냐, 병호 너가 잘 달려서 그런 건데 뭐~ 내가 못 달린 거고. 괜찮아"라고 했습니다. 그 말을 듣는데, 미안하면서 마음이 아팠습니다. 하지만 티를 낼 수는 없었기에 친구의 어깨를 툭 한 번 치면서 이렇게 말했습니다.

"6학년 운동회 때 마지막 계주에서 내가 역전당했던 게 기억나네."

그러면서 친구를 쳐다보았습니다. 친구도 그때가 기억났던지 "아~ 그때!"라고 말하며 씩 하고 웃어 주었습니다. 그렇게 저는 친구와 둘이서 교실로 걸어갔습니다. 이런저런 이야기를 도란도란 하면서 말입니다.

저는 고등학교에 가서야 예수님을 만났습니다. 이 일들은 예수님을 믿기 전에 일어났습니다. 예수님을 믿고 나서 생각해 보니 초등학교 6학년 때 가슴 아팠던 기억과 중학교 때 화려했던 기억 둘 다 정말로 감사한 사건이었고, 저를 엄청나게 성장시켜 준 고마운 일이라 여기고 있습니다. 특히 6학년 때 실패의 경험을 통해 저는 많은 것을 배울 수 있었습니다.

실패에서 얻는 교훈은 반드시 있다고 생각합니다. 아프지만 실패를 잘 돌이켜 보고 성찰하면 개선할 점이 나오기 마련입니다. 하지만 저는 학생들에게 일부러 실패를 경험하라고 말하지는 않습니다. 최선을 다해 목표로 한 것을 이루라고 격려하고, 칭찬하며, 도와줍니다. 하지만 실패를 반드시 경험하게 될 텐데 그때가 정말 중요하다는 말은 꼭 해 줍니다. 아프지만 잘 돌이켜 보라고 말입니다. 제 경험을 말해 주면서 아픈 만큼 잘 성찰하면 성장할 수 있다고 이야기해 줍니다.

그리고 저는 학생들이 실패를 경험하고 있는 순간이 직감적으로 느껴질 때가 있습니다.

'아~ 지금이 바로 내가 저 아이 옆에 있어 줘야 하는 순간이구나.'

그때는 아무리 업무가 바빠도 가장 먼저 그 아이 옆에 아무 말 없이 있어 줍니다. 부족하지만 그렇게 위로와 힘을 주는 교사가 되었습니다. 아이들은 힘들 때 함께해 준 제가 고마운지 금방 마음의 문을 엽니다. 더군다나 이제는 예수님의 사랑과 능력도 나누어 줄 수 있기에 아이들이 더더욱 좋아합니다. 이런 말, 저런 말 주절주절 하지 않습니다. 오히려 위로해 준답시고 잘못 말해 버리면 상처만 더 크게 줄 수 있기 때문에 옆에서 별말 없이 있어 줍니다. 6학년 때 고마웠던 그 친구처럼 말입니다.

이렇게 제게 마음의 문을 열고 친해진 아이들을 교회로, 예수님께로 인도했습니다. 이 모든 일을 감당해 낼 수 있도록 제게 아픔과 함께 위로와 깨달음을 주시고, 승리의 기쁨 속에서 겸손하고 남을 돌아볼 수 있는 마음을 주신 하나님께 영광을 올려 드립니다.

세계적인 전도자가 될

떡볶이 아저씨

제가 사는 아파트 바로 앞에 전도하고 싶었던 인심 좋은 떡볶이 아저씨 한 분이 있었습니다. 떡볶이 트럭 앞에는 항상 교복 입은 학생들로 북적입니다. 저는 한 번씩 제과점에서 빵을 사면 2개를 사서 떡볶이 아저씨에게 한 개 드리면서 "다음에 교회 꼭 한 번 같이 가요"라고 말하곤 했습니다. 아저씨는 "장사한다고 바빠서요" 하고는 머쓱하게 웃었습니다. 그러면 저는 "바쁘시면 가까운 교회에 가셔도 돼요"라고 말했습니다. 이렇게 오며 가며 인사하고, 맛있는 것 있으면 드리고, 장사 많이 하시라고 늘 인사드리는 분입니다. 이렇게 1년쯤 지난 것 같습니다.

그런데 어느 날 떡볶이 아저씨가 전도되어 교회를 가게 되었다고 했습니다. 집 근처에 사는 지인이 교회 한 번 가자고 했는데 그 말을 들을 때마다 그동안 제가 오며 가며 드렸던 말씀이 생각났다고 했습니다. 그렇게 해서 간 교회가 집 근처 개척 교회였는데, 갔더니 총교인이 4명이었습니다. 아저씨는 그때 '내가 이 자리를 한번 채워 볼까?' 하는 생각이 들었다고 합니다.

그 후로 떡볶이를 팔며 만났던 중학생부터 21세 청년까지 40명을 전도해서 교회로 데리고 갔습니다. 목사님이 이제는 전도해 온 아이들에게 성경을 가르치며 양육을 하라고 말씀하셨다고 합니다. 그래서 그 후로 틈만 나면 성경을 읽고 있는데, 특히 잠언은 읽으면 읽을수록 오묘하다고 했습니다.

십일조도 매 주일마다 냈습니다. 제법 큰 금액이었습니다. 한 달 동안 모으면 십일조 금액이 커져서 아깝다고 안 내게 될까 봐 한 주씩 낸다고 했습니다. 그 말을 듣는데, 참 믿음이 순수하시다는 생각이 들었습니다.

그렇게 2개월 동안 전도하고, 아이들 챙기고, 공부하느라 수고하는 아이들에게 맛있는 음식을 먹이며 쓴 돈이 거의 1천만 원이나 되었습니다. 떡볶이 아저씨는 세계적인 전도자가 되는 것이 꿈이라고 했습니다. '아이들을 얼마나 사랑하고 그 영혼을 귀하게 보았기에 이처럼 열심히 번 물질을 전도하고, 섬기고, 영혼을 관리하는 데 다 쓰실까?' 하는 생각이 들었습니다.

아저씨의 이야기를 떡볶이 트럭 앞에서 들었는데, 저는 완전 도전받고 감동받았으며, 정말 존경스러워 보였습니다. 뜨거운 열정에 감탄이 절로 나왔고 그 열정을 본받고 싶었습니다. 이야기하는 내내 눈빛에 엄청난 기쁨과 환희와 힘이 느껴졌고, 그 빛이 초롱초롱하고 영롱하기까지 했습니다. 아저씨는 순수한 믿음에 열정이 더해져서 엄청난 주님의 임재를 경험하고 있었습니다. 특히 잠언을 많이 읽고 있어서인지, 하는 말마다 정말 지혜롭고 막힘이 없었습니다. 그 아저씨는 진짜 세계적인 전도자가 될 것입니다.

물론 아저씨도 시행착오와 여러 어려움을 겪게 되었습니다. 얼마 전에 아저씨가 전도해서 교회에 처음 온 아이들이 예배가 시작된 줄 모르고 교회에서 탁구를 치고 있었답니다. 그 모습을 본 떡볶이 아저씨를 전도한 분이 아저씨에게 아이들을 잘 지도하라고 한마디 했던 모양입니다. 아저씨는 처음 교회 온 아이들이라 예배 시간을 잘 모르고 시간 가는 줄 모르고 재밌게 탁구를 치다 보니 그렇게 된 것인데 자신에게 뭐라고 하자 많이 서운하고 마음에 상처를 받았다고 했습니다.

그 일 후로 전도한 아이들은 주일날 교회 가라고 연락도 하고 다 깨워서 보냈는데, 정작 본인은 한 달 넘게 교회에 안 갔습니다. 그 말을 듣고는 '마음에 얼마나 상처가 되었으면 교회에도 안 가고 계실까?' 하는 안타까운 마음이 들었습니다. 떡볶이 아저씨 역시 아직 초신자이기에 충분히 그 마음이 이해되어 진심으로 위로해 주었습니다. 그러면서 "전도한 아이들을 위해서라도 교회 가시는 게 어떻겠습니까? 아무래도 사장님이 교회에 같이 가는 것과 아이들만 보내는 것은 아이들에게는 하늘과 땅 차이일 겁니다"라고 말했습니다. 그러자 이제 어느 정도 마음이 추슬러졌다며 교회에 다시 나가겠다고 했습니다.

떡볶이 아저씨도 아직까지 새 신자이기 때문에 돌봄을 받아야 하는데, 벌써 그렇게 많은 아이를 혼자 관리하며 교회로 인도하다 보니 정말 많이 힘들 것입니다. 그럴 때일수록 옆에 있는 분들이 나무라기보다는 따뜻하게 감싸 주고 같이 협력했으면 좋겠다는 생각이 절실히 들었습니다.

저는 아저씨가 잠언을 읽으면서 뭔가 오묘한 깨달음이 오는 것 같으면서도 모르는 것이 많다고 했던 말과 아이들에게 이제 말씀을 직접 가르쳐야 하는데 어떻게 해야 할지 모르겠다는 말이 기억났습니다. 그래서 큐티에 대해 잠깐 설명해 드렸고, 다음 날 큐티 책 한 권을 선물했습니다. 큐티를 어떻게 하면 되는지도 알려 주었습니다. 어려운 영어 본문도 옆에 한글 해설지가 있으면 이해하기 쉬운 것처럼 큐티 책마다 말씀 본문 옆에 해설이 적혀 있는데 같이 보면 이해하는 데 도움이 될 것이라고 말했습니다. 제가 하고 있는 《생명의 삶》을 드렸는데 꼭 잘 읽어 보겠다고, 고맙다고 했습니다.

저는 이렇게 하나님에 대한 순수한 믿음과 아름다운 열정을 가진 떡볶이 아저씨와 그분이 전도한 아이들을 위해 매일 기도하고 있습니다. 정말 최선을 다해 신앙생활을 잘할 수 있도록 옆에서 도와 드리려고 합니다. 그리고 매달 큐티 책을 선물해야겠다고 마음먹었습니다. 세계적인 떡볶이 전도왕이 탄생할 것이라 믿어 의심치 않습니다.

즐거운 가게
vs 무서운 가게

미국 시애틀에 있는 100년 넘은 전통 시장 '파이크 플레이스 마켓'(Pike Place Market)에 가 보았습니다. 여러 다양한 가게가 있었고 볼거리가 아주 다채로웠습니다.

그중에 알래스카 연어 등 큰 생선을 파는 가게가 두 군데 있었습니다. 한 가게는 건강한 남성들 10명 정도가 기쁨이 넘치는 얼굴로 활기차게 장사하고 있었습니다. 마치 노래하듯 정말 흥겨워 보였습니다. 생선의 맛있는 부위를 손으로 뜯어서 시식해 보라고 주기도 했습니다. 특히 이 가게는 손님이 생선을 사면 점원들이 흥겹게 큰소리치고 노래를 부르며 생선을 휙 하고 던지며 팔아서 이 전통 시장에서 가장 유명한 가게가 되었습니다.

수십 명의 사람들이 생선 가게 근처에 구경하러 서 있었습니다. 생선을 사는 손님이 있으면 점원들은 마치 새 건전지로 교체한 장난감처럼 힘차게 생선을 던지고 받았습니다. 즐겁고 신나는 쇼가 시작되었는데, 모든 관광객이 구경하면서 동영상으로 촬영하며 마음껏 웃고 같이 즐겼습니다. 언제 가더라도 이 생선 가게만큼은 사람들로 항상 북적거린다고 합니다.

그런데 근처에 있는 다른 생선 가게는 완전 다른 분위기였습니다. 비슷한 종류의 생선을 팔고 있는데도 손님이 거의 없었습니다. 처음 보는 신기한 물고기가 많기에 판매대로 가까이 다가갔더니 "You Touch You Buy!"(만지면 사야 한다)라는 팻말이 보였습니다. 게다가 가게 점원으로 보이는 사람이 무섭게 감시하는 듯 날카로운 눈빛과 태도를 보여 앞의 가게와 극명하게 대조되었습니다. 저는 사진과 동영상을 찍다가 '사지도 않을 것 같은데 왜 찍냐?'라는 듯한 눈빛에 놀라서 그만 멈추었습니다.

두 생선 가게를 보면서 깨닫게 된 사실이 있습니다.

'나는 전도를 하는 데 있어서 앞 가게 점원들처럼 정말 즐겁고 행복하게, 흥에 겨워서 해야겠다. 마지못해 생선을 파는 두 번째 가게 점원처럼 억지로 전도하고 복음을 전하는 사람이 되지 말아야겠다.'

어느 쪽을 선택하느냐에 따라 하늘과 땅 차이가 생길 것입니다. 게다가 두 번째 가게 점원처럼 복음을 전했다가는 지속적으로 꾸준히 전도할 수도 없을 것입니다. 그래서 저는 오늘도 이렇게 기도하며 신나게 복음을 전하는 힘찬 하루를 시작합니다.

"하나님, 신나게 쇼를 하며 즐겁게 생선을 파는 점원들처럼 제 평생의 삶이 진짜로 신나게 복음을 전하는 복된 삶이 되기를 간절히 소망하고 바랍니다. 제가 지치거나 은혜가 고갈되어 두 번째 가게 점원처럼 복음을 전하는 일이 생기지 않게 해 주세요. 늘 주님이 주시는 사랑과 은혜와 평강과 축복이 제 삶에 누르고 흔들어 넘치도록 해 주셔서 끝까지 지상 최고의 행복이요, 감사요, 존귀하고 영광스러운 일인 복음 전하는 일에 최선을 다할 수 있도록 복 내려 주시옵소서. 예수 그리스도의 이름으로 기도드립니다. 아멘."

용서를 통해
복음 전하기

너희는 스스로 조심하라 만일 네 형제가 죄를 범하거든 경고하고 회개하거든 용서하라 만일 하루에 일곱 번이라도 네게 죄를 짓고 일곱 번 네게 돌아와 내가 회개하노라 하거든 너는 용서하라 하시더라 누가복음 17장 3-4절

예수님이 베푸신 용서를 진정으로 경험한 사람은 용서에 인색하지 않습니다. 용서에는 의지와 믿음이 필요하다고 합니다. 그런 면에

있어서 저는 예수님이 베푸신 용서를 진정으로 경험했음에도 불구하고 아직 의지와 믿음이 많이 부족한 것 같습니다.

얼마 전에 부모님께 드릴 물건이 있어서 부모님 댁에 잠시 들렀습니다. 주택가라 골목 앞 길가에 잠시 주차했는데, 잠시 후 낯선 번호의 전화가 걸려왔습니다. 주차 때문에 그런가 싶어서 얼른 전화를 받았는데, 누가 주차되어 있는 제 차를 박고 내렸다가 쓱 한 번 보고는 그냥 다시 가더라는 내용이었습니다.

너무 놀라서 얼른 뛰어나갔더니 운전석 뒷부분 범퍼 부분이 약간 찌그러졌고 도색이 많이 벗겨져 있었습니다. 그 부위가 B4 크기만 해서 멀리서도 눈에 확 띄었습니다.

사람이라면 누구나 실수할 수 있습니다. 주차를 하다 보면 옆에 있는 기둥이나 돌 받침대나 주차되어 있는 다른 차에 부딪힐 수도 있습니다. 만약 주차된 다른 차에 부딪혔으면 연락해서 사과하고 파손된 부분을 보험 처리하거나 변상해 주면 됩니다. 하지만 누군가 주차를 하면서 제 차에 부딪혔는데도 그냥 가 버렸습니다. 게다가 부딪혔다는 사실을 알고 차에서 내려서 파손 정도를 확인하고는, 차 뒷부분에 블랙박스가 없다는 것을 알았던지 다시 차를 타고 가 버렸습니다.

파손된 차 뒷부분을 사진 찍고 하얗게 벗겨진 부분을 닦으며 참너무하다는 생각이 들었고, 화가 많이 났습니다. 제게 신고해 준 목격자 덕분에 제 차를 박은 차량의 종류와 색깔, 운전자의 성별과 나이 정도는 알게 되었는데, 차량 번호는 알 수가 없었습니다. 그래도 모르는 척할 수도 있었을 텐데 연락까지 해 주셔서 정말 감사하다고 여러 번 인사했습니다. 그분도 차를 박고 도망간 사람을 꼭 잡기 바란다고 했습니다.

찌그러진 차를 가지고 경찰서로 가서 뺑소니 사고 신고를 했습니다. 차 앞부분에만 블랙박스가 있어서 뒷부분에서 일어난 사건은 영상에 잡히지 않았습니다. 예전에 어떤 분이 차량은 만약을 대비해서 앞뒤 전부에 블랙박스를 달 필요가 있다고 했던 말이 생각났습니다.

'아! 앞뒤 다 되는 블랙박스를 설치할 걸….'

후회가 밀려왔습니다. 그래서 신고한 후 즉시 차량용품점에 가서 앞뒤 다 되는 블랙박스를 설치했습니다. 경찰관은 노력해 보겠지만 못 잡을 수도 있다고 했습니다.

별로 기대하지 않고 있었는데, 일주일도 안 되어 경찰관에게서 전화 연락이 왔습니다. 제 차를 박고 도망간 차량을 찾았다고 했습니다. 제 차가 사고 난 곳이 빌라 앞이었는데, 빌라에 설치된 CCTV에 사고 장면이 찍혀 있었던 것입니다. 경찰관은 곧 사고 낸 사람이 연락할 테니까 통화를 잘해서 파손된 부분을 고치고 마무리 잘 지으라고 다정하게 말해 주었습니다. 수고해 주신 경찰관에게 정말 감사했습니다.

저는 마음속으로 '사고 내고 도망간 사람에게 연락이 오면 어떻게 전화를 받고, 뭐라고 부드럽게 말하며 용서해 줄까?' 하고 여러 가지 생각을 하고 있었습니다. 그런데 당일에도, 그다음 날에도 연락이 오지 않았습니다. 용서하려는 마음이 자꾸만 사라지려고 했습니다. 3일이 지나서야 전화가 걸려왔는데, 사고를 낸 당사자가 아니라 직장의 부하 여직원이었습니다.

저는 모르는 전화번호가 뜨기에 받았는데, 다짜고짜 "차 사고 접수하려고 하는데요, 차량 번호가 어떻게 되죠?"라는 말이 들려와서 당황했습니다. 분명히 사고 낸 사람이 남자분이라고 들었기에 "어? 사고 낸 사람이 남자분이라고 들었는데요"라고 말했더니 "아~ (머뭇거리며) 저희 회사 회장님이십니다"라는 답변이 돌아왔습니다. 순간 더 황당했습니다. 회장님이라는 사람이 차 사고를 내고 내렸다가 그냥 가 버린 것도 화가 나는데, 본인이 아니라 부하 여직원을 시켜서 전화하게 하고 본인은 죄송하다는 말 한마디도 없다니, 정말 화가 났습니다.

'참아야 해. 참아야 해.'

마음속으로 여러 번 되뇌었지만 결국 여직원에게 퉁명스럽게 말하고는 전화를 끊어 버렸습니다.

"직장에서 최고 상사니까 지시받은 대로 여직원분이 저한테 전화하신 건 잘 알겠는데요, 그분께 저한테 직접 전화하라고 해 주세요."

전화를 끊고 나서 기분이 정말 좋지 않았습니다.

'아~ 그분한테 전화 오면 용서해 주려고 했는데. 다정한 목소리로 괜찮다고, 다음번에 그러지 않으시면 된다고 쿨하게 용서해 주려고 했는데. 그리고 마지막으로 멋있게 교회 한 번 같이 가시자고 말하려고 했는데.'

모든 계획이 수포로 돌아가고 말았습니다. 다음 날 전화가 다시 왔습니다. 이번에도 당사자가 아니라 그분의 아들이었습니다. 끝까지 전화할 마음이 없는 것 같아서 아들과 통화하고 차 사고건을 마무리 지었습니다.

'처음 여직원에게 전화 왔을 때 퉁명스럽게 하지 않고 정말 다 용서하고 포용했더라면, 좀 더 너그러운 마음으로 이해했더라면 이렇게 찝찝하게 마무리되지는 않았을 텐데.'

아직도 이런 아쉬운 마음이 듭니다. 저는 일이 이렇게 마무리된 것이 정말 부끄럽습니다. '내 그릇이 아직 이것밖에 안 되는구나' 하는 마음도 솔직하게 듭니다. 왜냐하면 저보다 훨씬 크게 사고를 당했음에도 용서를 실천한 실제 사례를 알고 있기 때문입니다.

우리 학교에 제가 정말 좋아하고 친한 선생님의 어머님이 겪으신 이야기입니다. 한 음주 운전자가 어머님이 타고 있던 차를 뒤에서 쾅 하고 세게 박았습니다. 음주 운전을 한 탓에 그대로 달아나다가 또 다른 곳에서 사고를 냈고, 결국 경찰에 잡혔습니다. 뒤에서 차가 세게 달려와서 박은 터라 어머님은 꽤 많이 다쳐 병원에서 치료를 받으셔야 했습니다.

사고를 낸 사람은 뺑소니에 음주 운전까지 했으니 벌이 중했습니다. 그 사람이 800만 원에 합의해 달라고 어머님을 찾아왔습니다. 어머님은 합의금은 괜찮다고, 자녀들과 가족을 위해 음주 운전은 앞으로 하지 말라고 당부했습니다. 그리고 가족들과 다 함께 교회에 4번만 나오라고 했습니다. 그 후 가해자는 가족들과 함께 교회를 나왔다고 합니다.

이 이야기를 동료 선생님께 듣고는 어머님의 너그러운 마음과 사랑과 용서의 능력에 정말 감탄하지 않을 수 없었습니다. 동료 선생님과 누님도 "어머니가 기도하고 결정하셨으니 어머니 뜻대로 하세요"

라고 말했다고 합니다. 웃으면서 아무 일도 아닌 듯 차분하게 말하는 동료 선생님도 대단해 보였습니다.

동료 선생님과 어머님은 예수님이 베푸신 용서를 진정으로 경험한 주님의 자녀로서 용서에 인색하지 않았습니다. 가해자를 용서하는 데 부족하지 않았고, 넘치는 의지와 믿음을 갖고 있었습니다. 만약 우리 어머니가 똑같은 일을 당하셨다면 저는 동료 선생님처럼 할 수 있을지 곰곰이 생각해 보았습니다. 저는 제 부족함을 잘 알기에 동료 선생님과 어머님의 믿음과 사랑의 크기와 너그러운 마음을 옆에서 보고 계속 배워야겠다고 다짐했습니다.

그리고 하나님의 말씀대로 주위 형제가 죄를 지으면 꾸짖을 것이고, 그가 회개하면 용서해 주도록 노력할 것입니다. 그가 제게 하루에 일곱 번 죄를 짓고, 그때마다 제게 와서 "회개합니다"라고 말하면 진정을 다해 용서해 주도록 애쓸 것입니다. 왜냐하면 제가 용서라는 사랑의 실천을 할 때 그 사람 역시 하나님의 품에 안겨 평안과 쉼을 누리게 될 것을 알기 때문입니다.

야쿠르트 아주머니에게서
배우다

감정 코칭을 과학적 실험 검증을 통해 체계화한 존 가트맨 박사의 연구에 의하면, 관계의 달인은 관계 속에서 행복감과 안정감을 느낀다고 합니다. 그리고 긍정적 표현을 부정적 표현보다 20배 정도 더 많이 하고, 심지어 갈등에 처하거나 어떤 주제를 놓고 싸울 때조차 긍정적 표현을 부정적 상호작용보다 5배나 더 많이 한다고 합니다.

이런 관계의 달인 같은 분이 날마다 우리 학교에 옵니다. 바로 야쿠르트 아주머니입니다. 저도 하루에 하나씩 음료를 받아서 먹고 있는데, 그분은 영업왕입니다. 작년에 부산 금정구 전체 영업 1등을 해서 미국과 캐나다로 6박 8일간 포상 휴가를 다녀올 정도입니다. 제가 봤을 때 그분은 이번에만 가실 것이 아니라 매년 영업왕이 되어 전 세계를 가실 것 같습니다.

제가 받아먹는 음료는 하나인데, 그분은 이따금씩 맛있는 야쿠르트를 2개씩 더 끼워 줍니다. 가만 둘러보면 교무실에 있는 전 선생님이 다 그분이 주신 야쿠르트를 맛있게 먹고 있는 모습을 볼 수 있습니다.

저는 매일 야쿠르트 아주머니를 보면서 많은 것을 배웁니다. 항상 웃으면서 먼저 반갑게 인사하고 사람을 반겨 주십니다. 분명히 걸어서 교무실로 들어오는 분은 아주머니인데 우리가 반김을 받는 것만 같습니다. 친절과 따뜻함과 정성이 담겨 있는 신선한 야쿠르트를 하루 하나씩 먹으며 잠깐의 쉼을 누리고, 출출한 배를 채우며 기뻐할 수 있어서 참 감사합니다.

아주머니는 음료를 주실 때도 음료수 곁에 있는 물기를 깨끗한 수건으로 정성스레 닦아서 주십니다. 배달하는 음료에 사랑을 듬뿍 담아 주시는 모습을 보면서 저도 아주머니처럼 친절과 따뜻함과 정성 위에 사랑을 한 꺼풀 덧입혀 우리 아이들에게 복음을 전해야겠다고 다짐하게 되었습니다.

영업왕 아주머니도 제 VIP(전도) 대상이기에 기도하며 틈틈이 교회 가자고 말씀드립니다. 저도 맛있는 것이 있으면 아주머니께 드리곤 합니다. 그러면 얼마나 기뻐하고 감사해하는지 모릅니다. 오히려 작은 것을 드린 저를 행복하게 만들어 줍니다.

이 세상에서 영업왕도 좋겠지만, 저는 이 땅에서 예수님의 사랑과 은혜와 평강을 잘 받고 깨달아 누리는 '누림왕'이 되고 싶습니다. 그리고 예수님께 딱 달라붙어서 다니는 '붙임왕'이 되고 싶고, 마지막으로 좋으신 예수님을 잘 전파하는 '전파왕'이 되고 싶습니다.

나의 재충전 공간, 사랑방 모임

많은 사람이 제가 열정을 어떻게 충전하는지 궁금해합니다. 그러면 저는 첫째가 새벽기도와 큐티이고, 둘째가 사랑방 모임이라고 자신 있게 말씀드립니다. 사랑방은 따뜻함을 경험하며 충전할 수 있는 교회 주중 모임입니다. 저는 청년부에 있다가 결혼을 한 뒤 이제 성인 교구로 가게 되었습니다. 결혼 후 사랑방에 참여하지 않았던 시간과 사랑방에 참여하고 난 이후의 시간을 비교해 보면, 우리 가정의 삶의 질이 완전히 달라졌습니다.

사랑방 모임에서는 3-6가정이 모여서 말씀과 삶을 나눕니다. 우리 교회 화장실에 붙어 있는 "멀리 있는 친척보다 가까이 있는 사랑방 식구가 더 좋습니다"라는 문구를 보면서 이전에는 늘 의구심을 가졌습니다. 하지만 사랑방 모임에 참석하면서 위로는 하나님의 사랑과 은혜를 경험하고, 옆으로는 사랑방 식구들과의 교제를 통해 따뜻함과 위로를 받으면서 '화장실에 붙어 있던 문구가 참말이구나!'라는 사실을 깨달았습니다.

가정을 공개해서 사랑방 모임을 한다는 것이 쉽지만은 않습니다. 청소도 해야 하고, 대접할 음식도 준비하는 등 할 일이 많습니다. 하지만 이 모든 것을 즐겁게 준비하는 우리 사랑방 식구들이 저는 정말 좋습니다. 억지로 하는 가정은 한 가정도 없습니다. 모두가 자신의 가정에서 사랑방을 하게 된 것을 기쁨으로 여기고 감사함으로 준비합니다.

사랑방을 통해 전도의 문이 더 크게 열리기도 합니다. 전도 대상자를 바로 교회로 초청할 수 있지만, 주중에 사랑방 모임에 초대함으로 더 좋은 결과가 나타납니다. 사랑방에 참여해 보니 실제로 떡을 떼고 사랑을 나누며 기쁨이 넘치는 모습을 보게 되어 반쯤 열었던 교회를 향한 마음의 문을 활짝 열고 주일날 교회로 오게 되는 것입니다.

그런데 신앙생활을 하는 분들 중에 사랑방 같은 소그룹에 참석하지 않는 분들이 많은 것을 봅니다. 바쁘기도 하고, 피곤하기도 하고, 가까운 이웃들과의 만남이 껄끄러워 오다 가다 마주치면 더욱 불편해지기 때문입니다. 저도 충분히 이해합니다. 저 또한 바쁘다는 이유로 결혼하고 곧바로 사랑방 모임에 참석하지는 않았습니다. 하지만 지금 돌이켜 보면 '믿음의 가정을 세우고 난 후 바로 참석했더라면 훨씬 좋았을 텐데' 하는 아쉬움과 후회가 들 정도입니다.

사랑방 모임을 할 때 아이들과 어른들의 예배를 구별해 드립니다. 아이들 예배는 처음에 어른들이 몇 번 도와주었는데 이제는 자기들끼리 알아서 찬양도 부르고 말씀을 읽고 나누며 정말 잘합니다. 부모들 앞에서 자신들이 준비한 특송과 율동, 말씀 암송한 것을 발표하는 등 정말 영과 진리로 아름답게 예배를 드립니다.

이렇게 가족 같은 사랑방 식구들과의 모임을 통해 사랑을 주고받고, 은혜와 위로를 나눌 뿐 아니라 여러 가지 다양한 체험들도 같이 합니다. 남해 갯벌 체험, 거제도 낚시 체험, 다대포 해수욕장, 양산 황산공원 나들이도 온 가족이 아이들과 함께 가서 즐겁고 소중한 추억을 만들고 옵니다.

평소에도 배드민턴이나 탁구 같은 운동 모임을 통해 건강을 유지하고, 식사도 같이 하고 교제하며 서로를 챙깁니다. 가까이 있기 때문에 항상 모든 대소사를 같이하고 가장 먼저 달려와 큰 힘이 되어 줍니다.

아직 사랑방 같은 소그룹 모임에 참석하지 않고 있다면 주중이든, 토요일이든, 주일 저녁이든 꼭 참석해 보십시오. 삶이 정말 풍성하고 아름다워지는 것을 경험할 것입니다. 소그룹 모임을 통해 아름다운 믿음의 공동체에 속했다는 감사함과 평안함을 누리고, 즐겁고 든든한 믿음의 가정을 만들어 가기를 두 손 모아 기도드립니다.

아버지, 진짜 고맙습니데이

아버지~

설교 들으니까 어떠세요?

이제까지 제 책에서 우리 아버지 이야기는 거의 한 적이 없습니다. 첫 번째 책인 《열혈청년 전도왕》에서 예수님을 믿게 된 저를 핍박하신 내용을 잠깐 언급한 것 외에는 말입니다.

아버지, 우리 아버지….

아버지 하면 아련한 마음부터 듭니다. 저뿐만 아니라 모두가 어릴 적 무엇이든 다 할 줄 아시는 전지전능한 아버지에서 점점 힘이 약해지시는 아버지를 보며 똑같은 마음이 들 것이라고 생각합니다.

우리 아버지는 아직까지 예수님을 온전히 믿지 않으십니다. 그렇다고 제가 고등학교 다닐 때처럼 교회 못 가게 막고, 때리며, 핍박하지는 않으십니다. 오히려 이제는 늘 "교회 잘 다니고, 예수님 잘 믿고, 하나님께 칭찬받는 사람이 되거라"라고 말씀하십니다. 주일날 아침에 제가 뭔가를 하고 있으면 "교회 늦겠다. 얼른 준비해서 가라" 하며 챙겨서 보내십니다.

아버지가 하나님과 예수님에 대해 긍정적으로 생각하시게 된 계기가 있습니다. 바로 설날과 추석 때 고향으로 가는 차 안에서였습니다. 명절이 되면 대한민국의 모든 도로가 꽉 막힙니다. 아버지의 고향은 경남 고성입니다. 평소에는 부산에서 2시간이면 충분히 갈 수 있는 거리이지만 명절에는 그 배인 4-5시간이 걸립니다.

우리 아버지는 안전을 정말 중요하게 여기십니다. 캔을 만드는 회사에서 일하셨는데, 캔에 다치는 직원들을 많이 보셨답니다. 아버지의 왼팔에도 캔에 베여 바늘로 꿰맨 상처가 여럿 남아 있습니다. 그래서인지 아버지는 안전에 관해서는 보통 사람들의 배 이상으로 세심하십니다.

예를 들면, 한 가족끼리는 절대 같은 비행기에 타지 말 것, 거제도에 갈 때는 해저 터널로 가지 말 것, 황사가 심하므로 외출 시 반드시 마스크를 쓸 것, 매스컴에 보도된 병을 유발하는 음식은 절대 사 먹지 말 것!(그것도 알려지자마자 무섭게 연락) 열변을 토하며 강조하십니다. 이렇게 안전에 관한 한 둘째가라면 서운할 분이 우리 아버지입니다.

교통안전은 더 철저하신데, 시골에 갈 때 운전은 제가 하지만 조수석에 앉은 아버지가 매의 눈으로 저를 주시하고 계십니다. 혹시나 하품을 하거나 눈이 졸려 보이면 여지없이 "잠 오나?" 하며 귤을 까 주고, 음료수를 따 주고, 휴게소에서 조금 쉬었다 가자고 하십니다. 아버지가 옆에서 섬겨 주시니까 고마우면서도 조금 어색합니다. 그러면서 아버지는 한마디 하십니다.

"운전할 때는 운전자가 제일 중요하데이~"

언젠가 이 말을 들으면서 불현듯 한 가지 생각이 떠올랐습니다.

'아~ 그렇구나! 운전할 때는 운전자 위주구나. 애들 말로 하자면, 운전자가 왕이네!'

그래서 운전하면서 조금 졸리기 시작할 때쯤 창문을 열어 보고 경쾌한 음악을 듣기도 했습니다. 그러다가 목사님의 설교 말씀이 들어 있는 설교 CD를 틀었습니다. 아니나 다를까, 아버지가 곧바로 반응을 보이셨습니다.

"어? 이거 교회 목사님 설교네! 아들아, 꺼라!"

그래서 제가 이렇게 말했습니다.

"네, 맞아요, 아버지. 제가요, 지금 사실 살짝 졸려요. 그래서 창문도 열어 보고 경쾌한 음악도 들어 봤는데도 잠이 잘 안 깨요. 근데요, 희한하게 목사님이 전하는 설교 말씀을 들으면 잠이 확 깨요. 아버지, 운전할 때 안전이 제일 중요하잖아요. 이렇게 차가 많이 막히고, 당장 들어갈 수 있는 휴게소도 멀었는데, 잠 좀 깨게 목사님 설교 말씀 좀 듣게 해 주세요."

차분히 말씀드리자 아버지는 "음, 거참~! 목사님 설교 말씀을 들으면 진짜 잠이 안 온다고?" 하고 되물으셨습니다. "네~ 아버지, 진짜예요. 정말 잠이 확 깨요. 아버지, 운전할 때는 운전자가 제일 중요하다고 하셨잖아요. 좀 듣게 해 주세요~" 하고 애교 섞인 말로 부탁드렸더니 "그래~ 알았다. 잠이 깬다고 하니 들으면서 가 보자~" 하고 말씀하셨습니다. 그 말을 듣고 얼마나 감사하던지, 저는 환하게 웃으면서 큰 소리로 말했습니다.

"아버지, 고마워요. 진짜 고맙습니데이~"

세상에, 아버지와 목사님의 설교 말씀을 나란히 앉아서 듣는다는 것 자체가 진짜 기적이었습니다. 비록 교회는 아니었지만 차에서라도 목사님의 설교 말씀을 통해 하나님과 예수님에 대해 아버지와 함께 듣는데, 얼마나 감격스러웠는지 모릅니다. 뒷좌석에 앉아 있는 어머니도 흐뭇하게 웃고 계셨습니다. 저는 이 말씀이 생각났습니다.

> 그러므로 믿음은 들음에서 나며 들음은 그리스도의 말씀으로 말미암았느니라 로마서 10장 17절

운전 중에 아버지와 함께 목사님의 설교 말씀을 들으면서 아버지를 위해 마음속으로 기도했습니다.

"하나님 아버지, 우리 아버지랑 이렇게 목사님의 설교 말씀을 같이 듣게 해 주셔서 정말로 감사드립니다. 이게 꿈인지 생시인지 모를 정도로 정말로 행복하고 좋습니다. 로마서에서 '믿음은 들음에서 나

며 들음은 그리스도의 말씀으로 말미암았느니라'라고 말씀하신 하나님, 우리 아버지가 지금 목사님의 설교를 통해 하나님의 말씀을 듣고 있습니다. 하나님의 말씀을 통해 죄인임을 깨닫게 도와주시고, 예수님을 구주로 영접할 수 있도록 해 주세요. 예수님을 잘 믿는 아버지가 되게 해 주세요. 예수님만이 유일한 구원자이심을 알고 예수님만 믿고, 섬기고, 따르는 아버지가 되게 해 주세요. 그렇게 되게 하실 줄 믿으며 사랑하는 예수님의 이름으로 기도드리옵나이다. 아멘."

진심을 다해 간절히 기도드렸습니다.

아버지는 운전하는 제가 혹시 잠이 오는지 살피기 위해 저보다 더 깨어 긴장하며 조수석에 앉아 계셔서인지 목사님의 설교 말씀을 진짜 집중해서 들으셨습니다.

이렇게 설교 말씀을 듣고 있으니까 환경이 달리 느껴졌습니다. 꽉 막히고 길게 늘어진 차량들이 고마웠습니다. 정체된 것이 더 기뻤습니다. 아예 차가 앞뒤로 꽉 막혀서 오도 가도 못하게 되기를 더 바랐습니다.

예전 같으면 옆 차선에 차가 좀 빠지면 얼른 깜빡이 넣고 끼어들어서 차선을 변경했을 텐데, 절대 그러지 않았습니다. 오히려 더 막힌 차선으로 갔습니다. 이렇게라도 아버지가 목사님의 설교를 통해 하나님의 말씀을 집중해서 더 들으시게 하고 싶었습니다.

저도 그 어느 때보다도 차 안에서 목사님의 설교 말씀을 집중해서 들었습니다. 이렇게 몇 시간 듣다 보니까 드디어 아버지가 한마디씩 설교를 들으면서 느낀 점을 말씀하시기 시작했습니다.

"음~ 이 목사님 설교 참 쉽게 잘하시네. 귀에 쏙쏙 들어오게 하신다. 아들아, 너도 수업 시간에 아이들 가르칠 때 이 목사님처럼 핵심을 정확하게 집어서 잘 설명해 줘라."

시골 가면서 4-5시간, 부산으로 돌아오면서 다시 4-5시간 동안 아버지, 어머니, 저는 다 같이 목사님의 설교 말씀을 듣게 되었습니다. 교회에서 1년에 몇 번씩 가지는 말씀 부흥회처럼 차 안에서 진행되는 말씀 부흥회 같아서 정말로 행복하고, 감사하고, 좋았습니다.

이후 저는 다음 명절이 될 때까지 목사님들의 설교 CD를 미리 준비하기 시작했습니다. 여러 주제 가운데 십자가, 구원, 믿음, 예수님의 사랑, 보혈의 능력, 하나님의 구원 계획, 천국과 지옥, 죄로부터 자유함 등 아버지가 들으시면 좋을 것 같은 설교를 골랐습니다. 아버지가 특히 집중하시고 좋았다고 말씀하신 목사님이 시무하시는 교회에 전화해서 말씀 CD를 주문하기도 했습니다. 이제는 스마트폰이 있어서 따로 CD를 주문하지 않아도 됩니다. 유튜브에서 검색해도 되고 교회 애플리케이션에 들어가서 원하는 설교 말씀을 찾아서 들으면 됩니다.

매년 설날과 추석 때 시골에 가고 오는 동안 차 안은 우리 가족만의 말씀 부흥회 장소가 되었습니다.

언젠가 몇 년째 설교 말씀을 듣고 계시는 아버지께 여쭈어 봤습니다.

"아버지~ 설교 들으니까 어떠세요?"

그러자 아버지는 "음~ 다 좋다. 이 목사님은 이러이러해서 좋고, 또 저 목사님은 이러이러해서 좋네"라고 말씀하셨습니다. 설교를 들으시면서 하나님에 대한 거부감이 사라져 정말 감사했습니다. 게다가 하나님을 아는 지식을 쌓아 가는 것에 기뻤습니다.

한번은 이런 일이 있었습니다. 설날 시골 가는 길에 설교 CD를 넣고 틀었습니다. 그런데 그때 아버지가 불쑥 "아들아, 이 CD 말고 다른 걸로 바꿔라" 하시는 것이 아닙니까? 저는 마음이 덜컥 내려앉았습니다. '혹시 아버지가 또 예전처럼 하나님을 거부하고 밀어내시려는 것인가?' 하는 두려운 마음이 들어 얼른 여쭈었습니다.

"아버지, 왜요? 이 설교 듣기 싫으세요?"

그러자 아버지가 이렇게 말씀하셨습니다.

"아니, 말씀 정말 좋다. 그런데 이 설교 말씀은 작년 추석 때도 들었던 거다. 다 외우겠다. 바꿔 줘~."

얼마나 감사하고 감사하던지, 저는 아버지를 보고 환하게 웃었습니다.

아버지의
생신날

아버지의 생신날 가족, 친지들이 모여 축하하고 있었습니다. 생일 케이크에 꽂은 초에 불을 붙이고 생신 축하 노래를 부른 후에 아버지가 "후~" 하고 불을 끄셨습니다. 그리고 곧바로 유치원, 초등학교를 다니는 손주들이 달려와서 할아버지 품에 안긴 후 볼에 뽀뽀를 해 드렸습니다. 제일 먼저 달려간 손주가 할아버지께 생신 축하 인사를 했습니다.

"할아버지, 생신 정말 축하드려요. 100살까지 건강하게 오래 사세요. 근데 할아버지, 교회 꼭 다니세요. 교회 안 다니면 지옥 간다고 성경에 나와 있어요."

축하하러 모인 모든 사람이 일시에 다 웃었습니다. 그리고 다음 손주가 할아버지 품에 안기고 볼에 뽀뽀해 드린 다음에 이야기했습니다.

"할아버지, 항상 건강하시고 100살 넘도록 오래 사세요. 근데 할아버지, 교회 다니시고 예수님 믿으셔야 해요. 할아버지, 예수님 안 믿으시면 지옥 가요."

또 한 번 둘러앉은 모든 사람은 크게 웃을 수밖에 없었습니다. 물론 조카들의 입에 말을 넣어 준 사람은 아이들의 삼촌인 바로 저였습니다. 다 같이 한바탕 웃고 화기애애하고 즐거운 분위기가 될 것을 예상하고 연출한 것입니다. 이런 분위기 속에서 교회 다니며 예수님을 믿는 조카들의 입을 빌려 아버지께 진리를 전하고 싶었습니다. 만약 어른인 우리가 말했다면 아버지는 자신의 논리로 반박하고 분명히 한마디 하실 텐데, 어린 손주들이 말한다면 분명히 들으실 수밖에 없을 것 같았습니다. 아버지를 위해 기도하는 중에 떠오른 생각이기에 과감하게 아이들의 도움을 받아 실행에 옮겼습니다.

역시나 아버지는 손주들에게 아무 말씀도 하지 않으셨습니다. 그저 "어~ 그래그래, 알긋다"라는 말만 연신 하셨습니다. 그런 분위기 속에서 큰누나가 거들었습니다.

"아버지~ 여기 아버지를 축하해 드리러 모인 사람들은 전부 병호에게 전도받고 교회 나가잖아요. 아버지만 교회 안 나오고 계신데, 교회 나오실 때가 된 거 같습니다. 이제 교회 나오세요."

아버지는 큰누나의 말에 "음… 음… 그래, 다음에 한 번 생각해 보꾸마~" 하셨습니다. 조카들과 큰누나의 말에 적잖이 당황하신 모습이 역력했습니다. 그런 아버지의 모습에 우리는 또 한 번 다 같이 까르르 웃었습니다. 워낙 분위기도 좋고 장난기도 조금 발동되어 제가 웃으면서 이야기를 꺼냈습니다.

"어? 아버지, 지금 이 모습을 보니까 한 사건이 생각이 나요. 약 10여 년 전에 저 혼자 이 거실에 꿇어앉아 있고 아버지가 부르신 온 친척들이 저를 둘러싸서 '어디, 교회를 다니고 그러냐!' 하며 뭐라고 하셨던 때 말이에요. 이제 10여 년이 지나고 상황이 완전히 바뀌어서 여기 모인 사람들은 다 교회 다니고 아버지 혼자 교회 안 다니셔서 교회 나오시라고 하니까 기분이 어떠세요?"

그러자 아버지는 너털웃음을 지으시며 "어허~ 참 나~ 아버지가 언제 그랬다고. 녀석이 참…" 하고 도망치려 하셨습니다.

그렇게 우리는 기쁘고 즐거운 저녁 식사를 하며 아버지의 생신날을 보냈습니다. 저는 아버지의 생신날 일어난 이 일을 평생 잊지 못할 것입니다.

작업복 입으신
멋진 아버지

　책임감이 엄청 강하신 아버지는 막내아들인 제가 대학을 졸업할 때까지는 일을 해서 뒷바라지를 해 주겠다고 늘 말씀하셨습니다. 당시 저는 아이들을 가르치는 과외를 하며 번 돈으로 학비를 내고 용돈으로 썼습니다.

　아버지는 제가 고등학교 1학년 때인 1997년 IMF 외환위기 때 회사를 나온 후 여러 가지 일을 하셨습니다. 그러다가 제가 대학생이 되었을 때는 막노동 일을 하셨습니다. 새벽 일찍 인력 시장에 나갔다가 건물을 짓는 현장에서 일하시기도 했습니다.

　어느 주일 저녁, 교회 교육관에서 모임을 하고 나서 저녁 예배를 드리러 교회로 다시 가는 길이었습니다. 같은 마을 형, 누나, 동생들과 다 같이 즐겁게 가고 있는데, 저 멀리서 아버지의 모습이 보였습니다. 흙먼지가 묻은 작업복을 입고 커다란 가방을 어깨에 짊어지신 아버지였습니다. 아버지는 아직 저를 보지 못하신 것 같았습니다.

　순간 울컥한 마음이 들었습니다. 주일인데 쉬지도 않고 일을 끝내고 돌아오시는 아버지의 지친 모습을 보니 마음이 아팠습니다. 저는 망설이지 않고 "아빠~" 하며 달려갔습니다. 오히려 아버지가 당황하며 "어~ 아들이구나!"라고 말씀하셨습니다. 뒤따라오던 일행에게 아버지를 소개시키자 전부 "아버님, 안녕하세요?" 하고 큰 소리로 밝게 웃으며 허리 숙여 인사를 했습니다. 저는 아버지께 "아빠, 저녁 예배 드리고 집에 갈게요. 집에 조심히 들어가시고 푹 쉬고 계세요"라고 말씀드렸습니다. 그 전까지 제가 교회 가는 것을 완강히 거부하셨던 아버지가 담담히 "어~ 그래, 알겠다. 교회 갔다 오거라" 하고 허락해 주셨습니다.

예배를 다 마치고 집에 들어가서 아버지께로 갔습니다. 교회 잘 다녀왔는지를 물으신 뒤 아버지는 이렇게 말씀하셨습니다.

"아들아, 아까 아빠 흙먼지 많이 묻은 작업복 입고 있었는데 친구들 앞에서 아빠를 아는 체하기가 안 부끄럽더냐?"

저는 순간 눈물이 왈칵 났지만 꾹 참고 더 밝은 목소리로 이야기했습니다.

"아이~ 아빠도 참! 우리 아빠가 뭐가 부끄러워요. 이 세상에서 제일 자랑스러운데요! 우리 아빠 최고! 최고! 최고!"

눈물이 살짝 흐르려고 하기에 얼른 아버지를 확 끌어안아 버렸습니다. 그때 아버지가 이렇게 말씀하셨습니다.

"거~ 녀석도 참…. 그래, 아들아, 고맙다. 아빠가 너희 교회 옆에 있는 건물 짓는 데서 일하고 있는데, 너희 교회 보니 멋있더라. 너희 교회 1층 화장실을 이용하는데 좋고, 인사할 때 보니까 아까 니 옆에 있던 친구들 다 착하고 좋아 보이더라. 친하게 잘 지내고. 그래, 아들 니는 교회 잘 다녀라."

이 사건 이후로 아버지의 반대 없이 교회를 잘 다닐 수 있게 되었습니다. 오히려 주일 아침에 제가 이것저것 다른 일을 하고 있으면 아버지가 제게 와서 "아들아, 교회 늦겠다. 얼른 준비해서 가거라" 하고 말씀하실 정도였습니다. 이때 교회에 대한 마음이 많이 열리셨습니다.

지금도 교회 옆에 있는 건물을 볼 때마다 아버지를 만났던 그때 일이 생각납니다. 아버지에 대한 감사한 마음과 측은한 마음이 동시에 들어 눈시울이 붉어지곤 합니다.

예수님께 병호를
100% 바쳤습니다

아버지가 퇴임 후 책을 보고 싶다고 하셔서 아버지가 읽으시면 좋을 만한 책을 사다 드렸습니다. 정치, 경제, 문화 등 다양한 분야의 책들을 드렸는데, 그때 한 가지 생각이 번쩍 떠올랐습니다. 김하중 대사님의 《하나님의 대사》라는 책을 사 드려야겠다는 생각이었습니다. 아버지가 무엇에 관련된 책이냐고 물으시기에 저자가 중국 대사를 지내신 분이고, 정치와 경제, 종교를 총망라한 책으로 지금 최고 베스트셀러라고 말씀드렸습니다. 그러자 아버지가 "고맙다" 하며 읽으셨습니다.

아니나 다를까, 그 책을 읽고 며칠 안 되어 아버지가 저를 부르셨습니다. 그러고는 이렇게 말씀하시며 씩 하고 웃었습니다.

"아들~ 요 녀석, 아빠가 읽을 책 달라고 했더니 기독교에 관련된 책을 넣었더구나~!"

저도 씩 웃으면서 "기독교적인 부분도 있지만 저자가 중국 대사와 통일부 장관도 하셔서 정치와 경제, 종교적인 이야기가 두루 다 있던데요"라고 말씀드렸습니다.

아버지: 그래, 아들아. 읽어 보니 김하중 대사님 아주 훌륭한 분이시더라. 근데 아들 너도 김하중 대사님처럼 하나님과 대화를 다이렉트로 하나?

병호: 네, 그럼요. 예수님을 믿으면 하나님이랑 다이렉트로 대화할 수 있어요. 물론 김하중 대사님만큼 하나님의 음성을 자주 직접적으로 듣지는 못하지만요.

아버지: 음…, 그렇구나. 그래, 알겠다. 이왕 아들 너는 기독교 쪽으로 갔으니까 너희 교회 정필도 목사님이나 김하중 대사님처럼 기독교계에서 큰 사람이 되거라, 알겠지?

그때 저는 그 책에서 읽었던 내용 중에 하나가 생각이 나서 아버지께 말씀드렸습니다.

병호: 아버지, 고맙습니다. 아버지 말씀대로 정필도 목사님, 김하중 대사님처럼 훌륭한 사람이 될게요. 근데요, 제가 그분들처럼 훌륭한 사람이 되려면 기도가 필요합니다. 특히 부모님의 기도가 제일 중요한데요, 김하중 대사님을 위한 기도가 나이아가라 폭포만큼 쌓여 있다는 글, 책에서 보셨지요? 어머니는 저를 위해 기도해 주고 계시니까 괜찮은데 아버지는 저를 위해 기도 안 해 주시잖아요. 그러니까 제가 아무리 잘돼 봤자 그분들의 반밖에 안 됩니다. 물론 그분들의 반이라도 되는 게 얼마나 대단한 건데요! 뭐, 사실을 말씀드리자면 그렇습니다.

그러고는 아버지의 다음 말씀을 유심히 들었습니다.

아버지: 뭐? 아버지가 기도 안 하면 반밖에 안 된다고?

병호: 네, 그렇다니까요. 그러니까 아버지도 아들인 저를 위해서 기도해 주셔야겠죠?

그러면서 제 기도 제목을 적어서 아버지 책상 유리판 밑에 끼워 놓았습니다. 그리고 아버지께 "아버지, 책상에 앉으실 때마다 제가 적어 드린 이 기도 제목 보면서 기도해 주세요. 아셨죠?"라고 말씀드리며 대화를 훈훈하게 마무리했습니다.

이 일이 있고 몇 개월이 지난 후 하루는 아버지가 저를 다급하게 부르셨습니다. 그래서 저는 얼른 제 방에서 나와서 아버지께 가서 "아버지, 왜 그러세요?" 하고 여쭈었습니다. 그랬더니 아버지가 이렇게 말씀하시는 것이 아니겠습니까?

"응, 그래. 아들이 몇 달 전에 웃고 계신 예수님 사진을 거실에 걸어 놨지? 너희 엄마가 예수님 사진 옆에 아들 사진을 걸어 놨는데, 예수님 사진보다 아들 사진을 좀 높이 달아 놨어. 불손하게 그러면 안 되지. 어여 니 사진을 예수님 사진보다 낮춰라."

그 말씀을 듣고 어찌나 웃음이 나오던지, 사진들을 보니 정말로 제 사진이 1-2cm 정도 높이 걸려 있었습니다. 그래서 저는 얼른 기쁜 마음으로 제 사진에 달린 줄을 느슨하게 풀어서 예수님 사진보다 낮게 달았습니다. 그리고 다시 아버지께 확인을 받았습니다.

"아버지, 이제 됐죠? 예수님보다 제가 확실히 낮게 달려 있죠?"

제가 환하게 웃으면서 말씀드리니까 아버지는 그제야 "음, 그래야지. 그래야 맞지" 하며 아주 흐뭇해하셨습니다. 그리고 연이어 놀라운 말씀을 하셨습니다.

"아들! 아버지가 예수님 사진 보고 예수님께 기도드리고 있다."

저는 예전의 그 일을 잊고 있었던 터라 "진짜요? 근데 왜요, 아버지?" 하고 여쭈었습니다.

아버지: 음…, 몇 개월 전에 아들이 아버지가 기도 안 하면 반밖에 안 된다고 하기에 그때부터 기도하기 시작했지. 일주일에 적어도 3-4번은 규칙적으로 기도하고 있다. 체크도 해 가면서….

병호: 와~ 고마워요, 아버지. 근데 어떻게 기도하고 계세요?

아버지: 응, 전에 아들이 적어 준 기도 제목 있잖아? 그거 보고 기도하고 있지. 그리고 좋은 교사가 되고 좋은 짝 만나게 해 달라고 기도하고 있다.

정말 눈물이 날 정도로 감사했습니다.

아버지: 기도는 이렇게 시작한다. "예수님, 저는 아들 최병호를 예수님께 100% 바쳤습니다."

이 말씀을 듣는데 사실 조금 많이 부끄러웠습니다. '아버지는 나를 예수님께 100% 바치셨다고 했는데, 정작 당사자인 나는 내 마음과 몸을 예수님께 100% 바치고 있는가?' 하는 생각이 들었기 때문입니다.

이처럼 아버지는 아들인 저를 정말로 사랑하십니다. 비록 예수님에 대한 믿음은 없지만 제가 아버지의 기도 없이는 뭐든 반밖에 되지 않는다는 이야기가 계속 신경이 쓰인다고 하셨습니다.

"고마운 나의 아버지, 사랑하고 존경하는 나의 아버지, 이제 그만 고집 피우고 저와 함께 교회 나가요."

저는 매주 이렇게 좋으신 아버지의 손을 잡고 교회로 들어가는 꿈을 기도하며 꿉니다. 이 꿈을 현실로 이루어 주실 하나님께 오늘도 간절한 마음으로 기도하며 아버지께 전화 한 통 드려야겠습니다.

사주팔자, 철학, 궁합이
뭐라고

2016년 1월 한 달 동안 참 힘든 일을 겪어야 했습니다. 그때 제가 아직 고등학교 1학년이었던 1998년 1월, 설날을 앞두고 한 달 동안 힘들었던 기억이 되살아났습니다. 당시 제가 교회 다니는 것을 들키고 제사상에 절을 하지 않는다는 이유로 아버지가 모든 친척을 우리 집으로 다 부르셨습니다. 그때 친척 형들은 의자를 집어 던지고, 아버지는 허리띠로 때리는 등 참 육체적으로 힘들었습니다. 그런데 이번에는 정신적으로 너무 힘들었습니다.

하루는 아버지가 집으로 오라고 하셔서 갔습니다. 뭔가 확인을 하고 확답을 받고 싶다고 하셨습니다. 학교 수업을 마친 후 아버지 댁에 갔더니 상 위에 A4 용지들이 펼쳐져 있었습니다. 상을 가운데 놓고 아버지와 마주 보고 앉았습니다. 아버지가 말씀하셨습니다.

"이제 아들이 결혼도 하고, 아기도 낳았으니 완전 어른이 됐다. 아버지는 이제 나이도 들고 점점 늙게 되니 언제나 아들 곁에 있지 못한다. 그래서 더 늦기 전에 확실하게 아들한테 몇 가지 사안을 약속받으려고 한다. 조항을 하나씩 듣고 실행하겠다고 확실하게 약속할 수 있다면 그 조항 밑에 사인을 해라. 그럴 수 있겠느냐?"

그래서 저는 "네! 조항을 보고 제가 지킬 수 있는 약속이라면 당연히 사인하겠습니다"라고 말씀드렸습니다. 이제 아버지가 조항 하나하나씩 읊어 주셨습니다.

첫째, 아버지가 이 세상을 떠나면 화장해서 무덤에 안치하라.
둘째, 아버지 추모일이 되면 가족이 다 같이 모여서 추도 예배를 드려라.

아버지가 아들인 제게 유언을 말씀하시는 것 같아서 마음이 뭉클했습니다. 코끝이 찡해 와서 참으면서 겨우 답해 드렸습니다.

"네, 알겠습니다. 꼭 약속 지키겠습니다."

그리고 그 조항 밑에 사인을 했습니다.

그런데 셋째부터 다섯째 조항까지는 이상했습니다. 제가 절대 이행할 수 없는 내용이었습니다.

셋째, 동양 철학도 성경 말씀처럼 진리라 믿고 권위를 인정하고 따르라.

넷째, 사주팔자도 성경 말씀처럼 진리라 믿고 권위를 인정하고 따르라.

다섯째, 궁합도 성경 말씀처럼 진리라 믿고 권위를 인정하고 따르라.

저는 너무 당황스럽고 슬펐습니다. 하지만 정신을 다시 바짝 차리고 아버지께 진중하게 말씀드렸습니다.

"아버지, 저는 예수님을 믿는 그리스도인입니다. 하나님의 말씀인 성경 말씀만이 진리라고 믿고 있습니다. 그런데 동양 철학과 사주팔자, 궁합을 성경 말씀처럼 진리라 믿고 따르라니요? 죄송하지만 그건 절대 약속드릴 수 없습니다. 진짜 결단코 안 됩니다."

그랬더니 아버지는 굉장히 화를 내셨습니다.

"아들아! 아버지가 예수님을 믿지 말라는 것도 아니고, 예수 잘 믿고 교회에도 잘 다니라고 인정해 주잖아. 근데 우리 같은 동양 사람들이 성경 말씀처럼 진리로 여기는 것을 믿으라는 건데 왜 안 믿는다는 거야? 같이 믿으면 되잖아! 성경에 이런 거 믿으면 안 된다는 말씀이 어디 있냐? 안 나와 있잖아! 그런데 왜 안 믿는다고 고집을 피우냐?"

아버지는 무척 완고하게 말씀하셨습니다. 저는 울컥했지만 다시 마음을 가다듬고 차분히 말씀드렸습니다.

"아버지, 성경 말씀 요한복음 14장 6절을 보면 '예수께서 이르시되 내가 곧 길이요 진리요 생명이니 나로 말미암지 않고는 아버지께로 올 자가 없느니라'라고 말씀하고 있습니다. 그리고 사도행전 4장

12절을 보면 '다른 이로써는 구원을 받을 수 없나니 천하 사람 중에 구원을 받을 만한 다른 이름을 우리에게 주신 일이 없음이라 하였더라'라는 말씀도 있구요. 이 말씀들은 예수님과 하나님의 말씀인 성경만이 진리이고, 그 외에는 다른 어떤 것도 진리가 될 수 없다는 뜻입니다. 성경에 동양 철학, 사주팔자, 궁합이라는 단어는 안 나오지만요, 이런 것들도 진리가 될 수 없다는 말입니다. 근데 제게 어찌 진리가 아닌 것들을 성경처럼 권위를 두고 믿으라고 하시는 겁니까? 안 됩니다, 절대!"

최대한 공손하게, 하지만 힘주어 말씀드렸습니다. 하지만 아버지는 성경에도 안 나와 있는데 동양 철학, 사주팔자, 궁합은 안 믿겠다고 한 제가 못마땅하다며 화를 내셨고, 더 이상 이야기하기 싫다며 집으로 가라고 하셨습니다. 그리고 설이 다가오는데 아들도, 큰누나와 작은누나 가정도, 아무도 오지 말라고 하시곤 방으로 들어가 버리셨습니다.

이 일이 있은 후 진짜로 아버지는 큰누나, 큰매형, 작은누나, 작은매형에게 전화해 이번 설에 다 오지 말라고 말씀하셨습니다. 이유는 제가 3가지를 진리로 믿지 않겠다고 했기 때문이라고 이야기하셨습니다.

그 사건 뒤 약 한 달 동안 어머니, 큰누나, 큰매형, 작은누나, 작은매형 다섯 분이 저에게 여러 번 전화를 했습니다. 결론은 3가지를 진리로 믿을 수는 없으나 아버지를 잘 달래 드리라는 것이었습니다. 저는 이 기간 동안 매일 새벽과 저녁마다 하나님 앞에 무릎 꿇고 기도하며 매달렸습니다.

"하나님 아버지, 도와주세요. 도와주세요. 우리 아버지의 마음을 변화시켜 주세요. 성경만이 진리임을 믿고 예수님만 믿는 우리 아버지가 되게 해 주세요."

하지만 아버지는 완고하셨습니다.

그렇게 한 달간 기도하다가 하나님이 주시는 아이디어가 떠올랐습니다. 이제 결단을 내려야 했기에 하나님이 주신 계획을 들고 아버지께 갔습니다. 동양 철학, 사주팔자, 궁합 3가지를 진리로 믿기 전까지는 아버지 집으로 오지 말라고 하셨는데, 아들이 오겠다고 하니 내심 기대하고 계신 것 같았습니다. 하지만 제가 드린 말씀은 이러했습니다.

"아버지, 저는 아버지를 진심으로 사랑하고 존경하고 있습니다. 아버지께서 저희 삼남매를 키우느라 얼마나 고생하셨는지 잘 알고 있습니다. 특히 막내아들인 저를 대학 졸업할 때까지 책임지겠다고 막노동 일까지 하시고, 진짜 고생하신 것 잘 알고 있습니다. 그런데 어찌 제가 아버지를 사랑하지 않고, 존경하지 않고, 감사하지 않을 수 있겠습니까? 저는 진짜 아버지를 사랑하고, 존경하고, 늘 아버지께 감사하는 마음을 가지고 살고 있습니다.

근데 이런 아버지께서 제가 동양 철학, 사주팔자, 궁합을 진리로 받아들이지 않는다고 설에 아무도 오지 말라고 하시니 자식 된 도리로서 마음이 너무 아픕니다. 하지만 아버지 말씀을 따라서 3가지를 믿거나, 아니면 하나님의 말씀인 성경만을 믿거나 둘 중 하나만 가능하지 둘 다 동시에 믿는 것은 불가능한 일입니다. 그래서 아들인 저는 결론을 내렸습니다.

저는 예수님만을 믿고 하나님의 말씀인 성경만을 진리로 믿을 겁니다. 이렇게 하려는 저를 아버지가 반대하시고 계속 3가지를 믿으라고 하시면 저는 아버지가 주신 종이에 사인하고 대신에 지금 당장 학교에 갈 겁니다. 저는 기독교 학교에서 아이들에게 성경도 가르치고 있습니다. 아이들에게 예수님만이 진리이시고 하나님의 말씀인 오직 성경만이 참 진리라고 가르치고 있는데, 그 3가지를 진리로 믿는다고 사인했으니 저는 양심상 더 이상 아이들을 가르칠 수 없습니다. 그래서 저는 학교에 당장 가서 사직서 낼 겁니다. 사직서를 미리 준비해서 가지고 왔습니다."

그러고는 준비해서 가지고 간 사직서를 상 위에 올려놓았습니다. 그랬더니 아버지는 깜짝 놀라셨습니다.

"절대 안 되지, 그건! 동양 철학, 사주팔자, 궁합은 믿되 사직서는 내지 마. 그건 절대 안 돼!"

그래서 저는 "아버지가 끝까지 3가지를 믿으라고 하시니 알겠습니다. 사인하고 사직서 내러 가겠습니다."

그리고 저는 볼펜을 들고 상 위에 펼쳐져 있는 종이에 사인을 하려고 했습니다. 그랬더니 아버지가 "안 돼!" 하면서 사인하려는 종이를 순식간에 휙 하고 뺏어서 찢으셨습니다. 그러고는 소리치면서 말씀하셨습니다.

"안 돼~! 절대 안 돼! 이놈아~ 사직서라니…. 그냥 믿지 마. 니가 믿는 예수님만 잘 믿고, 학교에 사직서 내지 마~ 아 참! 이놈이 큰일 날 소리를 하고 있네. 그것 땜에 사직서를 낸다고?"

그러면서 사직서를 가져가려고 하셨습니다. 저는 사직서를 움켜쥐고서는 완고하게 말씀드렸습니다.

"안 됩니다. 아버지가 또 저한테 그 3가지를 진리로 믿으라고 하시면 이 사직서를 내야 하기 때문에 못 드립니다."

그리고 사직서를 다시 챙겼습니다. 이렇게 사건은 일단락되었습니다.

그해 설에 누나네 가정들이 다 왔고, 예전처럼 즐거운 명절을 맞이했습니다. 게다가 이때부터 하나님께 명절 감사 예배를 드리게 되었습니다. 그동안 그렇게도 제가 부르고 싶었던 찬송인 "사철에 봄바람 불어 잇고"를 다 함께 부르며 가정 예배를 드리게 되었던 것입니다. 제가 예수님을 믿고 19년 만에 이렇게 명절날 아버지와 함께 가정 예배를 드리게 되었습니다.

가정 예배를 인도하면서 아버지를 힐끔힐끔 쳐다보았습니다. 찬양을 부를 때 아버지도 찬양집을 보면서 큰 소리로 찬양하셨고, 누나에게 대표 기도를 부탁했는데 아버지도 두 눈 꼭 감고 두 손을 모으고 계셨습니다. 어찌나 감사하고 감사하던지요! 그 모든 시련을 이겨 내게 하시고 지혜와 용기를 주신 하나님께 다시 한 번 감사와 찬양과 영광을 올려 드립니다.

요즘 아버지는 제가 드린 성경도 읽고,《생명의 삶》큐티 책과〈국민일보〉도 읽고 계십니다. 아버지도 이 모든 것을 통해 독생자 예수님만을 제대로 믿게 되시기를 기도하고 있습니다.

언젠가 아버지와 어머니를 모시고 〈부활〉이라는 영화를 보러 간 적이 있습니다. 영화가 끝난 뒤 아버지의 마음이 무척 궁금해서 아버지에게 "아버지, 영화 어떠셨어요?" 하고 여쭈어 보았습니다. 어떤 답변을 하실지 진짜 두근거리는 마음으로 대답을 기다렸습니다. 아버지가 "음… 영화를 보고 나니 하나님이 살아 계시다는 게 확실히 인정된다. 그리고 예수님이 하나님의 아들이란 것도 인정한다"라고 말씀하시는 것이 아니겠습니까! 어찌나 놀랍고 감사한지 제가 아버지께 되물었습니다.

"아버지 진짜시죠? 진짜 하나님이 살아 계신 거 아시겠죠? 예수님이 하나님의 아들이시란 것도요."

다음 답변을 더욱 기대하면서 기다렸는데 아버지가 이렇게 말씀하셨습니다.

"음… 그래, 하나님은 확실히 살아 계시는구나!"

이 말씀을 듣는데 정말로 기뻤습니다. 그런데 아버지가 그 다음에 이렇게 말씀하셨습니다.

"하나님의 첫째 아들이 예수님이시고, 둘째 아들은 부처님이시다."

저는 이 말씀을 듣고 마냥 좋아할 수가 없었습니다.

"아이고 참~ 아버지, 그런 게 어디 있습니까? 하나님이 살아 계시다는 건 아셨으면서 왜 예수님이 첫째 아들이고 부처님이 둘째 아들이에요? 성경에도 보면 '독생자 예수'라고 하나밖에 없는 아들이라고 나오는데 왜 그러세요?"

아무튼 아버지는 하나님의 첫째 아들이 예수님이고, 둘째 아들이 부처님이라고 믿고 계십니다. 아니, 정확하게 말하면 이렇게 믿으려고 하십니다. 아직까지 부처님을 신으로 여기려 하시기에 이렇게 믿고 싶으신 것입니다. 그래도 〈부활〉이라는 영화를 보고 아버지가 하나님이 살아 계신 것을 믿게 되셨고, 예수님을 부처님 위에(?) 두셨다는 사실만으로도 감사드렸습니다. 그런데 여기서 한 가지 확실히 짚고 넘어가야 할 것이 있습니다. 우리는 'Only Jesus(오직 예수)'를 믿는 것이지 'one of many' 즉 많은 신들 가운데 하나인 예수님을 믿는 것이 아니라는 사실입니다.

오늘은 아버지와 어머니를 모시고 〈예수는 역사다〉라는 기독교 영화를 보고 왔습니다. 이 영화는 무신론자였던 실존 인물 리 스트로벨의 이야기를 모티프로 한 실화입니다. 영화 〈부활〉과 마찬가지로 믿지 않는 친구들이나 가족, 부모님께 보여 드리면 정말 좋은 영화입니다.

영화를 다 보신 아버지가 "실화를 바탕으로 만들어서인지 참 잘 만들었다"라고 평하셨습니다. 그리고 다음 주 주일에 아버지는 어머니와 저와 함께 교회에 가기로 약속하셨습니다. 앞으로도 이렇게 좋은 기독교 영화가 많이 만들어지고 더 많은 영화관에서 자주 상영되기를 기도합니다.

부모님께

매일 전화 드리기

수영로교회 원로목사님이신 정필도 목사님이 어릴 때 겪으셨던 일입니다. 초등학교 때 할아버지가 돌아가셨는데, 할아버지 영전에 절을 안 하자 평소에 손자를 아주 사랑하고 아끼던 할머니가 펄쩍 뛰면서 굉장히 야단을 치셨습니다.

"너는 내가 죽은 다음에도 절하지 않겠구나!"

호통치시는 할머니의 모습을 보며 마음이 많이 아팠다고 합니다. 하지만 '사랑하는 할머니가 예수님을 알고 믿게 되면 정말 좋겠다'라는 소망을 가지고 당당하게 이렇게 여쭈었습니다.

"할머니, 돌아가신 분에게 절을 하면 그분이 알아요?"

그러자 할머니는 가뜩이나 속상한데 손자가 뜬금없는 질문까지 하니 더욱 속상했던지 버럭 화를 내면서 "죽은 사람이 어떻게 알아?" 하고 대답하셨습니다. 그때 정필도 목사님이 이렇게 말씀드렸습니다.

"그래서 제가 절 안 하는 거예요. 살아 계시다면 하루에도 열 번, 아니 백 번이라도 하지요. 마찬가지로 할머니가 돌아가셔도 저는 절 안 할 거예요. 만약 그 일 때문에 억울하고 섭섭하시다면 할머니가 살아 계실 때 열심히 절할 테니 미리 절 받으세요."

그러고는 그 자리에서 할머니께 넙죽 절을 했습니다. 그리고 다음 날부터 매일 아침에 일어나면 학교 가기 전에 할머니 방부터 들러서 "할머니, 미리 절 받으세요" 하고 큰절을 했습니다. 이렇게 매일 할머니께 절하고 등교하는 일을 몇 달이나 지속했는데, 어느 때인가 할머니가 성령의 감동을 받으셨던지 다음과 같이 말씀하셨습니다.

"이제 그만해라. 됐다. 나도 예수 믿을란다."

어리지만 믿음 안에서 말씀대로 순종하며 담대히 행동한 어린 손자를 통해 할머니가 교회에 오시고 예수님을 영접하시게 된 것입니다. 그 뒤로 어린 손자의 손을 잡고 교회 나가면서 예수님을 잘 믿다가 천국에 고이 가셨다고 합니다. 이 얼마나 감사하고 복된 일입니까!

정필도 목사님께 이 이야기를 들을 때 제게도 성령의 감동이 오면서 '아하~!' 하고 깨달은 것이 있습니다. 바로 아침저녁으로 문안 인사를 드리는 것이 어른들이 원하는 최고의 효라는 것입니다. 실제로 많은 어르신께 여쭈어 보니 자주 연락드리고 찾아와서 건강을 살펴 드리고, 자녀로서 행복하고 건강하게 잘 사는 모습을 보여 주는 것이 가장 큰 효도라고 말씀하셨습니다. 거리가 멀면 전화로 자주 연락하면서 "건강하신지요? 어디 편찮으신 데는 없는지요?" 하고 여쭙는 것이 그리 고마울 수가 없다고 하셨습니다.

저는 이 사실 깨달은 순간부터 아침저녁으로 부모님께 안부 전화를 드리고 있습니다. 학교에 일찍 출근해서 주차장에 차를 대 놓고 부모님께 안부 전화를 드립니다. 매일 하는 늘 똑같은 대화이지만 아버지, 어머니의 건강하고 밝은 목소리를 들을 때마다 행복하고 좋습니다.

병호: 어머니, 잘 주무셨어요?

어머니: 그럼, 잘 잤지. 아들하고 며느리, 예찬이, 예은이 별일 없지?

병호: 그럼요, 무슨 별일이 있겠어요. 하나님이 보호해 주시고 사랑해

주셔서 넘치는 은혜 속에서 행복하고 감사하게 진짜 잘 지내요.

어머니: 그래. 엄마는 자식들이 건강하게 잘 지낸다는 소리만큼 고마운 소리가 없데이~. 아들 목 많이 쓰니까 항상 도라지 배즙 잘 챙겨 먹고 건강 관리 잘해라이~.

병호: 네~ 고마워요. 사랑합니다, 엄마~! 이제 아버지 바꿔 주세요.

    항상 어머니와 통화할 때 제일 마지막 말은 "사랑합니다, 엄마~"입니다. 그리고 아버지와 통화를 하는데, 아버지는 전형적인 경상도 분이라서 마치 교장 선생님이 운동장에서 훈화하는 것처럼 말씀하십니다.

아버지: 음~ 아들이가. 주차해 놓고 전화하는 기제? 오늘은 아버지가 할 말이 별로 없다. 미세먼지 많을 때는 항상 마스크 쓰고, 학교 다닐 때 차 운전 조심하고, 그렇게 하고 있제~?

병호: 네, 그럼요. 항상 운전 조심하고 다닙니다. 마스크도 항상 준비해서 갖고 다니고요. 아버지 건강은 어떠세요?

아버지: 음~ 아버지 건강하다. 매일 운동을 얼마나 부지런히 하는데. 아직 끄떡없다. 그래, 우리 아들 착실히 해라이~. 들어가라 이제~.

병호: 네, 저는 이제 올라가 보겠습니다. 사랑하고 존경합니다, 아버지~.

아버지: 그래, 온냐, 온냐~. 고맙다. 얼른 들어가라~.

아버지랑 통화할 때 항상 마지막은 "사랑하고 존경합니다, 아버지~"입니다. 이렇게 매일 통화합니다. 부모님과 통화할 때마다 얼마나 기쁘고 행복한지 모릅니다.

하지만 이렇게 사랑하는 부모님의 목소리를 먼 훗날, 그날이 절대 오지 않기를 바라지만, 언젠가는 못 들을 때가 온다는 것을 잘 알고 있습니다. 그래서 저는 부모님과 전화 통화를 할 때면 꼭 녹음을 해 놓습니다. 부모님의 따뜻하고 다정한 목소리가 듣고 싶고 그리울 때 하나씩 꺼내서 듣기 위해서입니다. 매일 하는 안부 전화가 부모님께 드리는 가장 큰 효도이자 사랑의 복음을 전하는 가장 좋은 방법이라 확신합니다.

우리 가정의
소망

제 나이 28세 때 교사 생활을 시작하면서 하나의 소망을 가지게 되었습니다.

'나도 곧 결혼해서 한 가정을 이룰 텐데, 나와 함께 아이들을 사랑하며 섬기는 아내를 만나고 싶다.'

이 소망을 바탕으로 배우자 기도를 구체적으로 하기 시작했습니다. 하지만 만남이 쉽게 허락되지 않았고, 주위에서 결혼에 대해 묻는 사람이 많았습니다. 그때마다 하나님이 꼭 제 기도를 들어주실 것이라는 확신을 가지고 더욱더 간절히 기도했습니다.

그러던 2013년 어느 봄날, 한 자매를 소개받아 만나게 되었습니다. 목회자의 딸로서, 대학에서 심리학을 전공해 중고등학교, 보호관찰소, 복지관 등에서 상담 봉사 활동을 해 왔고, 특히 청소년 사역에 관심이 많다는 것을 알게 되었습니다. 결혼 후 가정을 공개해서 청소년과 이웃들을 초대해 맛있는 음식을 나눠 먹으며 아름다운 교제를 나누는 삶을 꿈꾼다는 말을 듣고는 정말 제가 그토록 기도하고 기다려 온 배우자임을 깨닫게 되었습니다. 그리고 2014년 2월, 저는 그 자매와 결혼해 아름다운 결실을 맺었습니다.

해마다 방학이 되면 우리 학교에서 예배 준비와 찬양을 맡고 있는 '글로리아' 동아리 수련회가 있습니다. 수련회 때는 열심히 봉사해 온 친구들을 위로하며 친목을 다지기도 하고, 말씀과 기도로 더욱 무장해 훈련을 받는 시간으로 보냅니다.

2015년 여름 수련회를 계획하는데, 뜻하지 않게 궂은 날씨가 예보되었습니다. 장소와 일정을 고민하던 차에 아내가 아이들을 집으로 초대하고 싶다는 뜻을 밝혔습니다. 아내는 평소에 '글로리아' 동아리 학생들에 대한 이야기를 많이 들었고, 학교의 모든 예배와 행사 준비에 앞장서서 봉사하는 그 친구들을 꼭 만나 보고 싶어 했습니다. 학생들도 선생님 집에 가는 것을 최고의 기쁨으로 여겼습니다.

영화관에서 나눔을 할 만한 좋은 영화를 한 편 같이 보고, 우리 집으로 가서 아내가 준비한 음식을 먹으며 이야기를 나누었습니다. 학교나 교회에서 만날 때보다 집에서 만나니 더욱 진솔한 대화가 오고 갔고, 신앙에 대한 깊은 교제를 나눌 수 있었습니다. 정말 감사하고 감동스러운 순간이었습니다.

    이후로 우리 집에 교회 학생들을 초대하기도 하고, 이웃을 초대하면서 교제의 폭이 더 풍성하고 넓어졌습니다. 전도하고 싶은 이웃이 생기면 집으로 초대해서 식사를 대접하는 아름다운 문화가 생겼습니다. 집을 공개하면서 심리적으로 많이 부담이 되었을 텐데 기쁨으로 준비하는 아내의 모습을 보면서 정말 고마운 마음이 들었고, 아내를 만나게 하신 하나님의 섭리에 다시 한 번 감사합니다.

    더욱 감사한 것은 하나님이 아들 예찬이와 딸 예은이를 선물로 주셔서 믿음 안에서 풍성하고, 아름답고, 단란한 가정을 이루게 해 주신 것입니다. 이렇게 보내 주신 사랑하는 아들과 딸에게 무엇보다 거룩한 신앙을 잘 물려주고 싶습니다. 아들 예찬이와 딸 예은이에게 하루에 성경을 몇 장 이상 꼭 소리 내어 읽어 주고 자기 전에는 같이 두 손 모아 기도하고 잡니다.

    아내의 소망은 마당 있는 2층 집을 지어서 1층에는 우리 가정이 살고, 2층은 게스트하우스로 꾸며서 위로와 쉼이 필요한 친구들, 도움이 필요한 사람들에게 쉼터를 제공하며 사는 것입니다. 마당에서 다 같이 모여 바비큐 파티도 하고, 게임도 하고, 아름다운 교제를 나누는 삶을 오늘도 소망하며 함께 기도합니다.

고마운
피아노 사건

집에 있는 피아노만 보면 씩 웃음이 나옵니다. 제가 지금껏 아내에게 잘한 일을 한 가지만 꼽아 보라고 한다면, 피아노 이야기를 해도 될 것 같습니다.

아내는 피아노를 갖고 싶어 했습니다. 어렸을 때부터 교회에서 반주를 했고 집에서 피아노를 치며 찬양하고 지냈기에 저도 아내에게 피아노를 선물해 주고 싶었습니다. 아내가 피아노를 치고 아이들은 다른 악기를 하거나 찬양을 부르며 가정 예배를 드리는 모습을 늘 꿈꿔 왔기에 더더욱 피아노가 있었으면 했습니다.

그러던 어느 날 아내가 인터넷 중고 사이트에서 소리와 가격과 디자인 등 모든 것이 마음에 드는 피아노를 찾았다고 했습니다. 이야기를 들어 보니 저도 괜찮은 것 같았습니다.

평소 그 중고 사이트에서 새것과 같은 아기 물품을 저렴하게 사서 만족했던 경험이 있기에 아내가 혹시나 싶은 마음에 또 들어가서 피아노를 찾아보았던 것 같습니다. 아내가 원하는 피아노를 뜯지도 않은 완전 새것을 정가보다 40-50만 원 정도 저렴하게 내놓았습니다. 아내는 얼른 사고 싶다는 답글을 달았고 제가 퇴근해서 오기만을 기다렸습니다.

제가 봤더니 다 좋은데 한 가지 이상한 점이 있었습니다. 뜯지도 않은 새 제품을 중고 사이트에서 파는 것은 좋은데, 가격 할인을 너무 많이 한 것 같다는 느낌이 들어서였습니다. 그래서 아내에게 말했습니다.

"근데 조금 이상한 느낌이 들어. 새 피아노를 10-20만 원도 아니고 40-50만 원이나 저렴하게 판다는 것이 조금 꺼림칙해. 좀 더 자세히 알아봤으면 좋겠고, 사더라도 여기서는 안 샀으면 좋겠어."

아내는 제 의견에 수긍했고, 그렇게 며칠의 시간이 흘렀습니다. 아내가 여기저기 알아보았는데, 이 사이트만큼 자신이 원하는 피아노를 저렴하게 살 수 있는 곳이 없고, 판매자와 메시지를 주고받았는데 말도 예쁘게 하고 좋은 사람 같다며 사자고 했습니다. 아내가 그렇게까지 나오는데 더 이상 말릴 수 없어서 허락했고, 아내는 판매자에게 돈을 입금했습니다.

그런데 입금하고 3일이 지나고, 5일이 지나고, 일주일이 되어도 피아노가 배송되지 않았습니다. 그리고 10일쯤 되자 아예 판매자와 연락도 되지 않았습니다. 2주쯤 지나고 집에 갔더니 울상이 된 아내가 울먹이며 말했습니다.

"그 판매자 아이디를 검색해 보니까 사기꾼이라고 주의하라는 내용을 발견했어요. 어떻게 해요…."

그 말을 듣는 순간 저도 "아~" 하며 무슨 말을 해야 할지, 말이 잘 떨어지지 않았습니다. 솔직히 말하면, 말이 떨어지지 않은 것이 아니라 턱밑까지 차오른 말을 꾹 참고 있었습니다. 순간, 아내에게 큰소리치며 내뱉고 싶었던 말은 이러했습니다.

"거 봐! 내가 뭐랬어~! 내가 그 사람 좀 이상한 것 같다고 했잖아~! 너무 저렴하게 올릴 때부터 알아봤다니까~! 내 말 듣고 다른 데서 샀으면 사기도 안 당했을 텐데, 이게 뭐야! 좀 더 자세히 알아봤어야지. 이제 와서 사기꾼 아이디라는 거 알아서 뭐 어쩌려고? 못 찾아, 절대 못 찾아! 그 사람들이 보통 사기꾼인 줄 아냐~! 참 내! 쯧쯧쯧….'

하지만 꾹 참았습니다. 대신에 놀라서 울먹이는 아내를 달래면서 최대한 부드러운 목소리로 위로했습니다.

"괜찮아~ 경찰서에 신고하면 되고, 경찰이 잡아 줄지도 모르잖아. 내가 뭐라 안 할 테니까 그만 슬퍼하고 일단 나가자~"

그러고는 아내를 차에 태워서 나갔습니다. 아내는 근처 경찰서에 피해 신고를 하러 가는 줄 알았을 것입니다. 그런데 제가 간 곳은 경찰서가 아니라 피아노 도매 상가였습니다. 가장 속상해할 사람은 자기가 어리석어서 사기당했다고 자책하고 있는 아내인데, 제가 뭐라 한다고 해결될 일도 아니지 않습니까? 이왕 이렇게 된 것, 이 시점에서 '가장 좋은 해결책은 뭘까?' 하고 생각하며 기도했더니 피아노 도매 상가가 떠올랐던 것입니다.

아내와 함께 가서 사기당한 피아노와 똑같은 피아노를 고르라고 했습니다. 또 보다가 더 마음에 들고 좋은 피아노가 있으면 그 피아노를 사도 된다고 했습니다. 아내는 감동을 받았고, 이제는 감동과 고마움과 미안함이 섞인 눈물을 훌쩍거리며 흘렸습니다. 그렇게 기쁘고 행복하게 피아노 매장을 쭉 둘러본 뒤 피아노 매장을 나왔습니다.

그 후에 아내가 진짜 더 마음에 들어 하는 좋은 피아노를 직접 매장에 가서 구매했습니다. 새 피아노가 들어온 날, 찬양을 부르며 얼마나 기뻐하고 하나님께 감사했는지 모릅니다.

피아노를 사고 나서 몇 달이 지난 뒤 경찰서에서 그 사기꾼을 잡았다는 연락이 왔습니다. 그 사람은 우리뿐만이 아니라 여러 사람한테 다양한 물품으로 사기를 쳤고, 그 돈을 모두 유흥비로 날렸다고 경찰이 말해 주었습니다. 그 사람의 가족들이 선처를 부탁한다며 피해 금액의 일부를 갚아 주고 있었습니다. 우리도 피해 금액을 다는 돌려받지 못하고 일부만 받았습니다.

저는 이 사건을 주님이 주신 지혜로 잘 대처했기에 피아노를 볼 때마다 기분이 좋습니다. 아내에게 그 순간 소리치지 않고 주님이 주신 지혜대로 행동에 옮길 수 있어서 얼마나 감사한지 모릅니다. 요새도 아내에게 조금 서운한 일이 생기면 괜히 옆에 가서 "음, 갑자기 피아노가 치고 싶네~" 하면서 피아노 뚜껑을 엽니다. 그럼 아내도 금방 씩 하고 웃으면서 피아노 의자에 앉아 피아노를 함께 치며 찬양을 부릅니다. 전화위복이요, 비 온 뒤에 땅이 굳는다는 말이 딱 맞았습니다.

> 우리가 알거니와 하나님을 사랑하는 자 곧 그의 뜻대로 부르심을 입은 자들에게는 모든 것이 합력하여 선을 이루느니라 로마서 8장 28절

고마운 피아노 사건을 통해 이 말씀이 진짜 진리 중에 진리의 말씀임을 몸소 깨닫게 되었습니다. 이 일을 아름답게 매듭지어 주신 하나님께 감사와 영광을 올려 드립니다.

감사와 전도의 열정이

만날 때

감사는 주님이 행하신 일을 인정하는 것이며, 주님을 신뢰한다는 최고의 표현입니다. 감사는 '더하기'와 같아서 모든 것에 감사하면 거기에 하나님의 축복이 더해집니다.

저는 제가 복음을 전하는 것 자체가 정말 행복하고 감사합니다. 제가 이 땅에 살면서 이 거룩한 일을 하다가 후에 하나님의 품에 안길 수 있다고 생각하니 정말로 기쁘고 좋습니다.

> 존귀한 자는 존귀한 일을 계획하나니 그는 항상 존귀한 일에 서리라 이사야 32장 8절

이 말씀처럼 고등학교 때 예수님을 만난 이후부터 복음 전하는 존귀한 일만 하다가 하늘나라에 가겠다고 다짐을 했습니다. 그렇게 하면 제 인생은 최고로 행복한 인생, 만족하는 인생, 성공적인 인생이 되고, 하늘나라에 갔을 때 하나님이 가장 기뻐하며 칭찬하시는 인생이 될 것이라는 확신이 들었습니다.

많은 분이 "복음 전하며 사니까 어떤 것이 제일 좋아요?"라고 종종 묻습니다. 그럼 저는 한 치의 망설임도 없이 "복음 전하며 사는 삶 자체가 가장 감사하고 행복하고 좋습니다"라고 말씀드립니다.

물론 때때로 복음을 전하다가 마음 아픈 일도 생기고 "왜 사서 고생하느냐"는 사탄의 꼬드김도 시시때때로 받지만, 저는 사탄의 거짓

에 놀아나기 싫습니다.

복음 전하는 일은 마땅히 해야 할 우리의 의무이지만 저는 억지로 하기 싫습니다. 복음 전하는 복된 일을 무거운 짐으로 여겨 억지로 하기는 정말 싫습니다. 그 편이 저는 훨씬 더 어렵게 느껴집니다. 저는 기쁜 마음으로 온전히 복음 전하는 데만 집중해서 살다가 하늘나라에 가고 싶습니다. 무슨 일이든 집중할 때 제대로 된 능력이 나옵니다. 저는 이 땅의 삶이 복음 전하는 데 집중해서 살다가 가기에도 짧은 인생이라고 생각됩니다. 하루하루 시간이 정말 귀하고 아깝습니다.

푯대를 향하여 그리스도 예수 안에서 하나님이 위에서 부르신 부름의 상을 위하여 달려가노라 빌립보서 3장 14절

바울 사도의 고백처럼 저도 푯대를 향하는 온전한 삶을 살다가 가고 싶습니다. 게다가 하나님이 위에서 부르신 부름의 상을 저를 위해서 준비해 놓으셨는데, 감격하며 감사하는 마음만 가지고 바울처럼 달려가는 삶을 살고 싶습니다.

복음을 전할 때 제가 축복의 통로로 사용되고 있음에 감사하며 전하려고 합니다. 교사인 저도 학교에서 청소 시간에 아이들이 청소하는 모습을 보면 억지로 하는 아이와 기쁘게 청소하는 아이를 구분할 수 있습니다. 우리의 중심을 보시는 하나님을 어찌 감히 속일 수 있겠습니까?

복음 전하는 열정과 저의 감사하는 마음이 만날 때 하나님이 역

사해 주셨습니다. 복음 전하는 열심과 쓰임 받음에 감격하는 마음이 만날 때 하나님이 귀한 영혼들을 저에게 붙여 주셨습니다.

감사하는 마음으로 복음을 전하니 재미있는 경험도 하게 해 주셔서 나누고 이 글을 마무리하려고 합니다.

영어를 공부하고 싶어서 영어 학원에 등록했습니다. 등록하러 가는 길이 매우 설렜습니다. 그래서 학원으로 걸어가는 길에 하나님께 기도했습니다.

"하나님, 영어 학원에 가고 싶은 마음을 주셔서 감사드립니다. 가면 새로운 친구들을 만나게 될 텐데 감사하는 마음으로 그 친구들과 사귀고 복음을 잘 전하게 해 주세요. 예수님의 이름으로 기도드립니다. 아멘."

이렇게 기도하고 학원으로 들어갔습니다.

학원 안내 데스크에서 등록을 마치자 행사 기간이니 다트에 화살을 던져서 맞히면 그만큼 등록비를 할인해 준다고 했습니다. 남자라서 4-5m 떨어진 곳에서 던졌습니다. 30%, 20%, 10% 등 작은 원 3개가 그려져 있기에 30%라 쓰인 원을 향해 화살을 던졌습니다. 하지만 영 엉뚱한 곳에 맞아 버렸습니다. 속으로 '꽝이구나' 싶었는데, 여직원이 "어~"하고 놀라며 가더니 가까이 와 보라고 했습니다.

"제가 여기서 근무한 지 몇 년이 됐는데 이런 경우는 처음 보네요. 한가운데 맞추셔서 등록비 전액 무료입니다. 뽑으세요. 직접~."

저도 깜짝 놀랐습니다. 다트 한가운데 새끼손톱만 한 크기로 '전액 무료'라고 쓰여 있었는데, 멀리서 보일 리가 없었습니다. 저도 모르게 한가운데에 화살이 꽂히게 해 주신 하나님께 감사드릴 수밖에 없었습니다.

그리고 정말로 직원이 제가 좀전에 냈던 등록비를 전부 돌려주었습니다. 하나님이 그때 흐뭇하게 웃으시며 제게 물으셨습니다.

"병호야, 너 돌려받은 등록비 가지고 뭐할 꺼니?"

저도 웃으면서 하나님께 답해 드렸습니다.

"감사하고 기쁜 마음으로 이곳에서 만나는 친구들에게 맛있는 거 사 주면서 복음 전하는 데 잘 쓰겠습니다, 하나님."

흐뭇해하시는 주님의 마음을 느끼며 영어 학원을 다녔고, 그곳에서도 복음을 잘 전할 수 있었습니다.

존귀한 자는
존귀한 일을 계획하나니
그는 항상 존귀한 일에 서리라
-
이사야 32장 8절

[부록 1] 질문 & 답변

저는 강의 후에 질문하고 답변하는 시간이 정말 즐겁습니다. 사람들의 가려운 부분을 직접 듣고, 그 부분을 긁어 주어 시원하게 해 줄 수 있기 때문입니다. 다음 11개의 질문들은 제가 저 스스로에게 매일 던지는 질문과 강의 후 가장 많이 나오는 질문을 모은 것입니다.

1. 구원의 감격을 가지고 있으며, 그 감격을 나누며 살고 있습니까?

> 나는 여호와로 말미암아 즐거워하며 나의 구원의 하나님으로 말미암아 기뻐하리로다 하박국 3장 18절

제가 아침에 눈을 뜰 때마다 가장 먼저 묵상하고 암송하는 성경 구절입니다. 말로 소리 내어 표현하는데, 하나님 아버지께 드리는 반가운 아침 인사입니다. 하나님이 나의 여호와라는 사실만으로 저는 충분히 감사하고, 하루를 즐겁게 시작할 수 있습니다. 구원을 베푸신 전능한 사랑의 하나님이시기에 힘차고 기쁘게 눈을 뜨고 하루를 시작합니다.

만약 아침에 눈을 떴을 때 여호와 하나님으로 인한 즐거움과 기쁨이 없다면 구원의 감격을 잊고 살아간다는 뜻이기에 예배와 말씀 묵상의 자리를 통해 첫사랑을 회복하려고 애씁니다. 한편 구원의 감격에 감사하고 살면 그 감격을 나누지 않을 수가 없습니다. 날마다 구

원의 감격에 감사하며, 그 감동을 나누는 삶을 살기를 간절히 소망합니다.

2. 전도는 어려운 것이고, 잘못하다가 이웃과 멀어질 수도 있다는 두려움이 있습니까?

할 수 있거든 너희로서는 모든 사람과 더불어 화목하라 로마서 12장 18절

먼저, 성경을 보면 할 수 있는 대로 힘을 쓰고 최선의 노력을 다해서 모든 사람과 더불어 화목하라고, 즉 잘 지내라고 말합니다. 저는 이 말씀 그대로 제 주위에 있는 모든 사람과 화목하고 화평하게 잘 지내려고 노력합니다. 좋은 관계 속에서 복음이 더욱 순탄하게 잘 흘러갑니다.

또 한 가지 방법이 있습니다. 저는 복음을 전할 때 A, B, C 등 세 부류로 나눕니다. A부류는 교회에 대해 마음이 어느 정도 열린 사람들입니다. 보통 주위에서 10-15% 정도 만날 수 있습니다. 그들은 웃으면서 "이번 주일에 교회 가자"라는 말을 건넸을 때 "이번 주일은 무슨 일이 없긴 한데, 한번 가 볼까?"라고 말하는 사람들입니다. B부류는 교회가 좋지도 않고 그리 싫지도 않은, 70-80%를 차지하는 대부

분의 사람들입니다. 그들은 웃으며 교회 가자는 말에 "이번 말고 다음에 갈게"라고 말하는 사람들입니다. C부류는 교회에 대해 마음이 많이 닫혀 있는 사람들입니다. 주위에 10-15% 정도 있습니다. 그들은 웃으며 교회에 가자고 하면 미간을 찌푸리며 짜증을 내거나 인상을 쓰는 사람들입니다. "교회 가기 너무 싫다"라고 대놓고 말하는 사람들입니다.

전도할 때 거절에 대한 두려움이 없는 사람이 누가 있겠습니까? 특히 C부류에 속한 사람들의 경우 한동안 교회 가자는 말을 하지 않고 그냥 좋은 관계를 유지하면서 지내는 것이 좋습니다. 그리고 1년에 한두 번 '새 친구 초청 축제'가 있을 때 같이 가자고 말하면 됩니다. 아예 처음부터 이렇게 먼저 말해 버리는 것이 좋습니다.

"친구야, 너 교회에 대해 별로 안 좋아하는 거 아니까 하는 말인데, 이번 우리 교회 축제 때 한 번만 와 주라. 그리고 나서 담부터는 네가 오고 싶다고 해도 내가 절대 못 오게 할 테니까, 이번 한 번만 같이 가자."

마지막으로, 나와 전도 대상자의 관계 거리는 저마다 다릅니다. 자신이 감당할 수 있는 쿠션이 충분히 마련되어 있을 때만 지혜롭게 교회 가자고 말하며 복음을 전하면 됩니다. 자신의 쿠션이 충분하지 않을 때는 쿠션부터 말랑말랑하게 만들어 놓는 것이 가장 먼저 할 일입니다.

3. 하나님이 주신 능력, 시간, 건강, 물질, 열정, 에너지, 지위, 영향력을 어디에 사용하고 있습니까?

> 다섯 달란트 받았던 자는 다섯 달란트를 더 가지고 와서 이르되 주인이여 내게 다섯 달란트를 주셨는데 보소서 내가 또 다섯 달란트를 남겼나이다 그 주인이 이르되 잘하였도다 착하고 충성된 종아 네가 적은 일에 충성하였으매 내가 많은 것을 네게 맡기리니 네 주인의 즐거움에 참여할지어다 하고 마태복음 25장 20-21절

저는 제가 하나님께 1달란트를 받았는지, 2달란트를 받았는지, 5달란트를 받았는지 잘 모릅니다. 성경에 나오는 달란트는 돈을 이야기하는 것이 아니라 하나님께 받은 각자의 재능과 은사를 뜻합니다. 하나님이 주신 재능과 은사는 얼마가 되는지 돈으로 환산할 수 없습니다.

성경에 비유로 나와 있는 달란트를 굳이 돈으로 환산해 보면 1달란트는 엄청나게 큰 금액입니다. 1달란트는 3만 3000g인데 한 돈(3.75g)으로 나누면 약 8800돈이 됩니다. 한 돈의 시세를 대략 20만 원이라고 잡으면, 1달란트는 무려 17억 6000만 원이 됩니다. 그러면 2달란트는 35억 2000만 원이 되고, 5달란트는 88억 원이나 됩니다. 제가 이렇게 계산을 한 이유는 1달란트를 받았다 하더라도 우리 인생은 하나님께로부터 엄청나게 많이 받은 수지맞은 인생임을 강조하고 싶

어서입니다.

저는 하나님께 받은 재능과 은사인 능력, 시간, 건강, 물질, 열정, 에너지, 지위, 영향력 등을 썩어질 헛된 것에 쓰고 싶지 않습니다. 오로지 하나님만을 위해, 하나님의 영광을 위해, 하나님 나라의 확장을 위해서만 쓰고 싶습니다. 이 모든 재능과 은사는 하나님이 복음을 잘 전하라고 하나님의 자녀인 제게 주신 선물이라고 확신하기 때문입니다. 저는 하나님께 받은 모든 것을 존귀한 일인 생명을 살리는 일에 올인해서 하늘나라에 갔을 때 정말 칭찬받는 인생이 되고 싶습니다.

> 존귀한 자는 존귀한 일을 계획하나니 그는 항상 존귀한 일에 서리라 이사야 32장 8절

4. 전도란 무엇입니까?

전도는 상대방의 필요를 채워 주는 것이라고 생각합니다. 어느 교회 권사님이 옆집에 아기를 낳은 새댁이 친정어머니가 안 계신다는 사실을 알게 되었습니다. 딱한 마음에 가서 아기를 한 번씩 봐 주고, 맛있는 미역국도 끓여 주고, 청소도 해 주고, 빨래도 해 주며 친정어머니 역할을 해 주었습니다. 새댁은 고마운 마음에 아기를 데리고

교회에 나왔습니다. 이것이 바로 최고의 전도입니다.

또 전도는 내가 하는 것이 아니라 하나님이 나에게 영혼들을 붙여 주시는 것입니다. 자석에는 자력이 있습니다. 자력이 세면 큰 못이나 멀리 있는 못이 잘 붙고, 약하면 잘 안 붙습니다. 자석은 그리스도인이고, 자력은 VIP(전도 대상자)를 위해 기도하고, 기도한 만큼 부지런하고 따뜻하게 섬기는 것, 즉 사랑의 수고입니다. 또한 자력은 하나님의 말씀에 순종하는 삶이고, 상대를 위해 오래 참고, 모든 것을 참으며, 모든 것을 견디는 것입니다.

5. 전도의 시작은 무엇이며, 전도의 마무리는 무엇입니까?

전도의 시작은 관계를 잘 맺고 기도해서 교회로 데려오는 것입니다. 이것이 전도의 시작이자 전도의 반입니다. 그리고 전도의 마무리는 새 가족이 교회에 잘 정착하도록 돕고, 말씀으로 잘 양육해 예수님의 진정한 제자가 될 때까지, 즉 홀로서기를 할 때까지 돕는 것입니다. 이것이 전도의 나머지 반입니다. 교회에 새로 온 사람들을 섬김의 표본인 바나바처럼 사랑으로 섬기고 따뜻하게 돌보는 것도 정말 중요한 전도입니다.

6. 전도는 어떻게 시작해야 합니까?

자신이 먼저 하나님께 받은 사랑과 은혜로 충만하게 충전되는 것이 중요합니다. 방에 들어가서 책상 앞에 조용히 앉아 하나님께 그동안 받은 것들을 생각해 보고, 종이에 숫자를 써 보십시오. 10, 20, 30개를 쉽게 써 내려간다면 당장 전도 대상자와 연락해 만남을 가져도 좋습니다. 반면에 10개를 넘기기 어렵다면 예배에 참석하거나, 말씀을 읽고 기도하거나, 큐티를 하거나, 평소 좋아하는 목사님의 설교 말씀을 인터넷을 통해 들으면서 셀 수 없는 하나님의 은혜를 떠올려 보십시오.

그 후 첫 번째로 할 일은 전도 대상자와 좋은 관계를 맺는 것입니다. 그다음이 그를 위해 기도하는 것이고, 또한 부지런히 섬기며 필요를 채워 주는 등 사랑의 수고를 하는 것입니다. 그러면서 한 번씩 교회 가자고 지혜롭게 말해 보십시오. 하나님이 우리 믿음의 역사와 사랑의 수고를 친히 기억해 아름다운 열매를 맺게 하시리라 확신합니다.

> 너희의 믿음의 역사와 사랑의 수고와 우리 주 예수 그리스도에 대한 소망의 인내를 우리 하나님 아버지 앞에서 끊임없이 기억함이니 데살로니가전서 1장 3절

7. 전도는 왜 해야 합니까?

예수님도 전도하러, 즉 복음을 전하기 위해 이 땅에 오셨습니다.

> 예수께서 이르시되 내가 다른 동네들에서도 하나님의 나라 복음을 전하여야 하리니 나는 이 일을 위해 보내심을 받았노라 하시고 누가복음 4장 43절

전도는 거룩한 사명입니다.

> 오직 성령이 너희에게 임하시면 너희가 권능을 받고 예루살렘과 온 유대와 사마리아와 땅 끝까지 이르러 내 증인이 되리라 하시니라 사도행전 1장 8절

전도하는 것 자체가 축복입니다.

> 지혜 있는 자는 궁창의 빛과 같이 빛날 것이요 많은 사람을 옳은 데로 돌아오게 한 자는 별과 같이 영원토록 빛나리라 다니엘 12장 3절

전도는 우리의 존재 목적입니다.

하나님의 지혜에 있어서는 이 세상이 자기 지혜로 하나님을 알지 못하므로 하나님께서 전도의 미련한 것으로 믿는 자들을 구원하시기를 기뻐하셨도다 고린도전서 1장 21절

8. 중고등부 아이들에게는 무리가 있는데, 무리 중에 한 명이 교회에 나오지 않자 다른 아이들도 나오지 않는 경우를 자주 보았습니다. 주일학교 교사가 아무리 잘 챙겨 준다고 해도 어색하다고 안 나오려고 하는데 이런 경우 어떻게 해야 하나요?

"친구 따라 강남 간다"라는 말처럼 사춘기인 중고등학교 학생들에게는 친구가 정말로 중요합니다. 아이들은 혼자서는 무엇이든지 잘 하지 않으려고 합니다. 자신이 어느 무리에 속해 있다는 것이 가장 큰 안정감으로 작용하는 것입니다. 그런데 무리에서 떨어져 나가거나 단짝 친구가 교회를 안 나오게 되면 자신이 혼자라는 사실에 불안해서 교회에 안 오게 되기 쉽습니다. 저도 이런 경우를 많이 경험해 보았습니다. 이렇게도 해 보고, 저렇게도 해 보았는데 가장 좋은 방법은 정말 친구밖에 없었습니다. 교사인 제가 열 번 말하는 것보다 마음을 두고 있는 친구의 말 한마디면 끝났습니다.

무리에서 떨어져 나왔다면 첫 번째 방법은 무리의 친구들과 화해시킬 수 있는 여지가 있는지 살펴보고 자리를 마련해 주는 것입니다. 경험상 10번 중에 2-3번 정도 서로 화해하면 원래의 자리로 돌아가 교회에 다시 나왔습니다.

기존의 무리와 화해시키기 어렵고 다시 들어가기도 어렵다면 두 번째 방법은 아이와 비슷한 다른 무리의 친구들을 붙여 주는 것입니다. 이를 위해서는 착한 무리의 도움이 절실합니다. 제 경우에는 착한 무리의 아이들에게 따로 상황을 설명한 후 그 아이를 잘 포용하고 보듬어 줄 것을 간곡히 당부했습니다. 그 아이들은 제가 "예수님이라면 그 친구를 어떻게 하셨을 것 같니?"라고 물으면 "저희들이 품고 감싸겠습니다. 당연히 예수님도 그렇게 하셨을 거예요"라고 답하는 아이들입니다. 이러한 방법으로 해결한 경우가 10번 중에 5-6번 정도입니다.

마지막으로 두 방법 다 실패할 경우에는 기도하며 제가 친구가 되어 주는 방법밖에 없었습니다. 아이가 교사인 저를 친구로 받아 주고 마음을 열면 교회에 다시 잘 나오게 되었습니다.

한편 3가지 방법이 다 통하지 않는 경우에는 시간이 많이 필요했습니다. 저는 그런 아이를 위해 기도하고 또 기도하며 하나님께 매달렸습니다. 그랬더니 하나님이 직접 해결해 주셨습니다. 아이의 마음을 하나님이 직접 만져 주신 것입니다.

9. "교회 가자"는 말에는 무슨 의미가 담겨 있나요?

그리스도인으로서 믿지 않는 친구에게 줄 수 있는 최고의 사랑과 선행과 축복의 선물은 바로 "교회 가자"고 말하는 것입니다. "교회 가자"는 말속에는 '교회 가서 예수님을 꼭 만나기를 바란다'라는 뜻이 포함되어 있습니다.

안드레, 빌립, 우물가의 사마리아 여인은 모두 전도를 잘한 성경의 대표적인 인물들입니다. 이들의 방법은 바로 "와 보라!"라고 말한 것이었습니다. 영어로 말하면 "Come and See!"입니다. 직접 교회에 한 번 와서 눈으로 보고 경험해 보라는 뜻입니다. 이것이 가장 좋은 전도 방법입니다.

10. 전도해서 1년 이상 같이 교회를 다녔는데도 친구가 예수님을 아직 안 믿어요. 제가 무엇을 더 어떻게 해 주어야 할까요?

'과정은 내 꺼! 결과는 하나님 꺼!'라는 사실을 기억하십시오.

> 너희는 그 은혜에 의하여 믿음으로 말미암아 구원을 받았으니 이것은 너희에게서 난 것이 아니요 하나님의 선물이라 행위에서 난

것이 아니니 이는 누구든지 자랑하지 못하게 함이라 에베소서 2장 8-9절

　친구가 예수님을 믿고, 안 믿고는 우리가 어떻게 할 수 있는 일이 아닙니다. 우리가 할 수 있는 최고의 선한 일은 복음의 씨앗을 심고, 물을 주고, 거름을 주고, 잡초를 솎아 내면서 친구를 섬기는 일뿐입니다. 너무 자책하거나 조바심 내지 마십시오. 대신에 꾸준히 관심을 가지고 친구가 하나님의 은혜를 좀 더 받을 수 있는 자리에 같이 가 주면 좋습니다.

　예를 들어, 교회에서 성경 세미나를 같이 듣는다거나, 교회 수련회에 함께 참여하고, 찬양 축제가 있으면 꼭 한 번 같이 가서 찬양의 은혜에 흠뻑 젖어 보고, 은혜받은 목사님의 설교 말씀을 같이 들어 보는 것 등입니다.

　한마디로 친구가 교회에 매주 나오고 있다면 좀 더 열심을 품고 신앙생활을 할 수 있도록 장을 마련해 주는 것입니다. 그렇다고 너무 지나치게 몰아붙이면 힘겨워할 수 있으니 옆에서 지켜보면서 속도 조절을 잘할 필요가 있습니다. 이렇게 기도하면서 도와주는 것이 우리가 할 수 있는 최고의 사랑이자 선행입니다.

11. 멀리 사시는 부모님과 친척들에게는 어떻게 복음을 전할 수 있나요?

문안 인사, 안부 인사가 최고의 효도이자 전도입니다. 자주 연락 드리고, 찾아뵙고, 인사하며 맛있는 식사를 함께하는 자리를 가지십시오. 그리고 저는 전도하고 싶고 예수님을 꼭 만나기를 바라는 친척분들에게는 한번 읽어 보시라고 《생명의 삶》 큐티 책을 매달 보내 드립니다. 그리고 만약 신문을 본다면 기독교 신문인 〈국민일보〉를 보내 드리는 것도 좋은 방법입니다.

또한 복음을 전하고 싶은 분들이 사시는 집 주위에 있는 좋은 교회에 연락해 심방 요청을 하는 방법도 있습니다. 그러면 그 교회의 목사님들과 장로님, 권사님, 집사님들이 규칙적으로 심방해 주십니다.

가장 좋은 방법은 부모님과 친척분과 함께 직접 근처 교회에 가서 접촉점을 만들어 주는 것입니다. 그러면 좀 더 쉽게 관계를 맺게 되어 교회에 정착하기가 쉽습니다. 그리고 계속 기도하고, 전화를 통해 안부를 묻고, 믿음 생활을 잘할 수 있도록 도와주어야 합니다.

[부록 2] 간단하게 복음 전하는 법

저는 교회에서 고등부 주일학교 교사로 섬기고 있습니다. 지금은 고등부 새 가족부에 속해 교회에 처음 나온 아이들을 섬깁니다. 예수님을 전하고, 복음을 전하고, 구원에 대해 설명해 아이들이 예수님을 영접할 수 있도록 돕는 역할을 하고 있습니다.

간혹 학교 아이들이 친구에게 복음을 전하고 싶은데 어떻게 전해야 하는지 잘 모르겠다고 알려 달라고 할 때가 있습니다. 복음을 전해서 예수님을 영접할 수 있도록 돕는 좋은 교재가 많습니다. 《사영리》 책자로도 전도할 수 있고, '백지 전도법'으로도 할 수 있습니다. 방법은 매우 다양합니다.

저는 여기에 핵심 말씀과 약간의 부연설명으로 상대방에게 간단하게 복음을 전하는 법을 소개하고자 합니다. 처음 교회에 온 아이들에게나 학교에서 성경 공부를 하며 복음을 전할 때 저는 이렇게 복음을 전합니다.

1. 히브리서 9장 27절

한번 죽는 것은 사람에게 정해진 것이요 그 후에는 심판이 있으리니

○○아, 히브리서 말씀처럼 한번 죽는 것은 사람에게 정해진 거야. 사람이 죽는다는 것은 누구나 다 인정하잖아. 성경은 죽음 후에는 심판이 있다고 분명히 말하고 있어. 그런데 사람들은 이 점을 모르거나, 인정하지 않거나, 들어도 믿으려 하지 않는단다. 하지만 성경 말씀대로 죽음 후에는 반드시 심판이 있어. 그때 재판관은 창조주이자 전능하신 하나님이시고, 우리를 고발하는 자는 나쁜 마귀, 사탄이고, 우리를 변호해 주는 분은 완벽하고 완전하신 하나님의 아들 예수님

이시란다.

2. 로마서 6장 23절

죄의 삯은 사망이요 하나님의 은사는 그리스도 예수 우리 주 안에 있는 영생이니라

로마서 말씀대로 죄의 결과는 사망이야. 하지만 하나님이 우리에게 주신 선물은 그리스도 예수님으로 인한 영원한 생명이란다. 어떤 사람은 "저는 죄를 지은 게 별로 없는데요?" 혹은 "제가 왜 죄인이에요?"라고 말해. 그런데 로마서 말씀을 한번 볼까?

3. 로마서 3장 10절

기록된 바 의인은 없나니 하나도 없으며

4. 로마서 3장 23절

모든 사람이 죄를 범하였으매 하나님의 영광에 이르지 못하더니

성경은 의인은 없다고 분명히 말하고 있어. 하나도 없다고 말이야. 모든 사람이 죄를 지어서 하나님의 영광에 이르지 못했다고 성경은 말하고 있단다.

죄에는 2가지가 있는데, 원죄와 자범죄야. 원죄는 태초의 사람 아담과 하와가 지은 죄인데, 우리가 태어나면서부터 갖고 있는 거란다. 네가 부모님께로부터 성을 물려받아서 그 성씨를 갖게 된 거고, 유전자를 물려받아서 아버지, 어머니를 닮은 것처럼 원죄는 우리가 갖고 태어나는 거야. 그리고 자범죄는 자기가 스스로 지은 죄를 말해. 우리가 살인을 직접 하지 않았더라도 친구를 마음속으로 미워하고, 시기하고, 질투하는 것조차 하나님 앞에서는 죄를 지은 거란다. 그러니까 하나님의 관점에서 보면 죄짓지 않은 사람은 단 한 사람도 없겠지?

하지만 하나님은 사람이 죄 사함을 받고 용서받아 씻을 수 있는 방법을 주셨단다. 그게 뭐냐면?

5. 히브리서 9장 22절

> 율법을 따라 거의 모든 물건이 피로써 정결하게 되나니 피 흘림이 없은즉 사함이 없느니라

이 말씀대로 모든 물건은 피로써 정결하게 된단다. 피 흘림이 없으면 죄 사함이 없다고 성경은 말해. 바꿔서 말하면, 피 흘림이 있어야만 죄 사함이 있다는 뜻이야. 왜냐하면?

6. 레위기 17장 11절

육체의 생명은 피에 있음이라 내가 이 피를 너희에게 주어 제단에 뿌려 너희의 생명을 위하여 속죄하게 하였나니 생명이 피에 있으므로 피가 죄를 속하느니라

이 말씀대로 육체의 생명이 피에 있기 때문이야. 이 말씀은 생명이 피에 있어서 그 피가 죄를 사하고 깨끗하게 한다는 뜻이야. 예수님은 우리의 죄를 위해 약 2000년 전에 십자가에 못 박혀 피 흘려 돌아가셨어. 죄가 없으신 하나님의 아들 예수님이 우리를 위해 대신 피 흘려 죽으신 거야. 그래서 예수님의 피를 거룩한 피, 보혈이라고 한단다.

내가 죄인임을 인정하고 예수님을 구주로, 주인으로 영접하면 하나님의 자녀가 된단다. 이 땅에서 어떤 아이를 내 호적에 올리면 그 순간부터 내 자녀가 되는 것처럼 말이야. 우리 영접 기도를 같이 해보자꾸나. 선생님이 말하는 대로 소리 내서 따라 말하면 된단다.

"하나님, 저는 죄인입니다. 그동안 저는 하나님을 모르는 채 제 뜻대로만 살았습니다. 하지만 저는 이제 제가 죄인인 것과 제 죄를 위해 예수님이 십자가에 못 박혀 피 흘려 돌아가셨다는 사실을 알게 되었습니다. 예수님의 피로 말미암아 제 모든 죄가 깨끗하게 씻음 받고 용서받았음을 알게 되었고, 믿게 되었습니다.

이 시간 저는 제 마음의 문을 열고 예수님을 나의 구주, 나의 주

님, 나의 주인으로 모셔 들이기를 원합니다. 찾아와 저를 다스려 주시고, 제 주관자가 되어 주세요. 저는 이제 하나님의 자녀이자 천국 시민, 천국 백성이 되었습니다. 하나님이 이제 저의 아버지가 되심을 믿습니다. 하늘나라에 갈 때까지 저를 가장 아름다운 길로 인도해 주세요. 예수 그리스도의 이름으로 기도드리옵나이다. 아멘."

7. 히브리서 7장 27절

그는 저 대제사장들이 먼저 자기 죄를 위하고 다음에 백성의 죄를 위하여 날마다 제사드리는 것과 같이 할 필요가 없으니 이는 그가 단번에 자기를 드려 이루셨음이라

히브리서 9장 12절

염소와 송아지의 피로 하지 아니하고 오직 자기의 피로 영원한 속죄를 이루사 단번에 성소에 들어가셨느니라

히브리서 9장 28절

이와 같이 그리스도도 많은 사람의 죄를 담당하시려고 단번에 드리신 바 되셨고 구원에 이르게 하기 위하여 죄와 상관없이 자기를 바라는 자들에게 두 번째 나타나시리라

이 말씀들처럼 예수님은 우리를 위해 단번에, 즉 한 번 만에 자기를 드려 죄를 없애 주셨고, 단번에 성소에 들어가셨단다. 그래서 구약 시대처럼 성소에 갈 때마다 염소나 송아지를 잡아 제단에 피를 뿌릴 필요가 없어졌지. 예수님이 오직 자신의 피로 영원한 속죄, 즉 죄 사함을 이루셨기 때문이야. 하나님이 우리가 과거에 지었던 죄, 현재 짓고 있는 죄, 미래에 짓게 될 모든 죄까지 단번에 용서해 주신 거란다.

그래서 내가 성경 읽다가 죽으면 천국 가고, 친구랑 다투다가 죽으면 지옥 가는 식이 결코 아니란다. 내가 언제 죽을지 몰라도 나의 과거, 현재, 미래의 모든 죄를 사해 주신 예수님의 피로 말미암아 천국에 갈 수 있는 거야. 이렇게 예수님을 영접한 것은 정말 축하할 일이고, 감사한 일이고, 정말 기적과도 같은 일이란다.

하지만 우리는 하나님의 자녀로서 예수님에 대해 앞으로 더욱 잘 알아 가야 하고, 성도들과의 교제도 정말 필요하단다. 그리고 무엇보다 하나님을 만나고 하나님께 예배드리는 생활이 정말 중요해. 그래서 교회에 나오는 것이 중요한 거야. 그러니까 꼭 주일날 빠지지 말고 교회에 같이 나가자꾸나. 교회에 왜 나가야 하는지 알겠지?